Jost Baum
Picasso sehen und sterben
Provence-Krimi mit Rezepten

W0351605

Jost Baum

Picasso sehen und sterben

Provence-Krimi mit Rezepten

Oktober Verlag
Münster in Westfalen

Haftungsausschluss: Die Rezepte dieses Buchs wurden von Verlag und Herausgeber sorgfältig erwogen und geprüft. Dennoch kann eine Garantie nicht übernommen werden. Die Haftung des Verlags bzw. des Herausgebers für Personen-, Sach- und Vermögensschäden ist ausgeschlossen.

© 2007 Oktober Verlag, Münster
Der Oktober Verlag ist eine Unternehmung des
Verlagshauses Monsenstein und Vannerdat OHG, Münster
www.oktoberverlag.de
Alle Rechte vorbehalten

Satz: Claudia Rüthschilling
Umschlag: Tom van Endert
Umschlagfoto: Franz R. / www.panthermedia.de
Rezepte: Roland Tauber
Herstellung: Monsenstein und Vannerdat
Gedruckt in der EU

ISBN: 978-3-938568-40-8

Eins

Die Hydropneumatik des Citroën ließ Kommissar Arnoult vergessen, daß er eine holprige schmale Straße der dritten Ordnung gewählt hatte, die unter einem malvenfarbenen Himmel parallel zur Küste durch schroffes Gebirge verlief, dessen Konturen wie geschmolzenes Glas in der Glut der Nachmittagshitze des 12. Juli funkelten. Rechts und links der Straße war der Boden karg und trocken. Übermannshohe Macchia mit Stein- und buschigen Kermeseichen, Ginster, Myrten und Mastix übernahm das Regiment, bis nur noch der blanke weiße Felsen in die flirrende Hitze emporragte. Besorgt blickte er immer wieder in den Rückspiegel und starrte auf die feuerrote Narbe, die in einer dünnen Schlangenlinie wie ein Kainsmal auf seiner schweißnassen Stirn prangte.

Es ist der Mistral, der mich immer so in Rage bringt, dachte Arnoult wütend und fuhr sich mit der Hand über sein krauses Haar, um einige Tollen dazu zu bewegen, diesen blutroten Striemen zu bedecken. Der trockene Wind aus den Cevennen war in starken Böen über das Land hinweggetobt und hatte feinen Staub wie Patina über das Gebirge des Massif de St. Beaume gelegt und die Seelen der Menschen aufgewühlt, die durch das Tosen des Windes und den heftigen Temperatursturz nächtelang nicht schlafen konnten und nun müde und überreizt ihrer Arbeit nachgingen, in der Hoffnung, während der Mittagssiesta im Schatten einer Platane oder unter der Markise eines Bistros ein wenig des verlorenen Schlafes nachzuholen. Arnoult bremste, parkte den ID 19 in einer Nische zwischen zwei hoch aufragenden Felsen, kurbelte die Scheibe hoch und griff nach der Landkarte, die er im Handschuhfach deponiert hatte. Er vergewisserte sich, daß er nur noch we-

nige Kilometer zu fahren hatte, bis er die D 66 in Höhe von St. Louis/Les Lecques verlassen und eine kurvenreiche Straße wählen konnte, die ihn in halsbrecherischen Serpentinen bis zu der zerklüfteten buchtenreichen Felsenküste mit den handtuchschmalen Kiesstränden hinunterbrachte, die sich von St. Cyr-sur-mer im Osten bis Bandol im Westen erstreckt.
Die Villa St. Fleurie war bereits von der Straße aus zu sehen. Das ockerfarbene zweigeschossige Gebäude lag am Ende eines Feldweges, der rechts und links von hundertjährigen Palmen gesäumt war, umgeben von verdorrten Weinfeldern, deren knorrige Rebstöcke wie anklagende Finger aus dem staubtrockenen Boden ragten. Grüne verwitterte Schlagläden, die geschlossen waren, ließen das Anwesen kahl und verlassen aussehen. Arnoult parkte den Citroën zwischen dem blauen Renault der Präfektur und einem weißen Peugeot 306, der vermutlich Inspektor Roubaix gehörte. Im Schatten einer Akazie stand ein silbergrauer Alfa Romeo Twin Spark. Wem auch immer dieser Wagen gehörte, er hatte einen Sinn für Form und Farbe, entschied Kommissar Arnoult. Er erinnerte sich wehmütig daran, daß er vor seinem Unfall, der Suzanne das Leben gekostet und ihm diese Narbe wie einen zornigen Gott der Rache bescherte, mit dem Gedanken spielte, sich ein sportliches Coupé zuzulegen. Arnoult seufzte müde, straffte dann aber seine Schultern und ging mit festen Schritten auf das Haus zu.
Ein Polizist in schwarzglänzenden Stiefeln, Breeches und einem breiten Ledergürtel stand stumm wie einen Statue auf der letzten Stufe einer Steintreppe und bewachte den Eingang.
Er nickte kurz mit dem Kopf und öffnete die eine Hälfte eines schweren Portals, als Arnoult seinen Dienstausweis zeigte. Arnoult trat ein. Ein vielarmiger Kristallüster hing unter einer Stuckdecke und tauchte die Szenerie in ein gespenstisches Licht. Am Fuße einer geschwungenen Steintreppe, die in den ersten Stock führte, war mit Kreide der Umriss eines

Körpers auf den braunen Bodenfliesen markiert. Aus dem Halbschatten einer Säule, die einen Gipsengel trug, löste sich ein drahtiger junger Mann mit pechschwarzen Haaren, die er geölt und nach hinten gekämmt hatte. Er trug Jeans und ein T-Shirt unter dem verwaschenen Leinensakko. Seine nackten Füße steckten in italienischen Lederslippern.
Inspektor Roubaix, murmelte er zwischen zwei Zügen aus seiner Zigarette. Alors, sie müssen Kommissar Arnoult sein, schön, daß sie schon da sind, grinste er ironisch und ließ die Gitanes von einem Mundwinkel in den anderen wandern.
Biejeng, lassen sie uns beginnen, knurrte er dann in dem Tonfall der Provenzalen, bei dem die Nasale wegfallen, was *bien* auf hochfranzösisch heißen sollte und *gut* bedeutete. Arnoult, der aus Paris stammte und wegen des betörenden Lichts der Provence zum Kunststudium nach Marseille gekommen war, hatte sich immer noch nicht an den einheimischen Dialekt gewöhnt, bei dem Avignon wie *Awinjong* und quatrevingt wie *kattreweng* klang. Arnoult nickte beiläufig und betrachtete interessiert die Gemälde, die an den Wänden der Eingangshalle hingen. Bis auf das Portrait eines streng blickenden älteren Herrn in einer Uniform aus der Ära Napoleons des IV, waren die anderen Bilder der Französischen Schule um Henri Eugene Augustine Le Sidaner zuzuordnen. Eines der Ölgemälde, das zwischen zwei Stilleben aus dem 18. Jahrhundert zu sehen war, zeigte eine gedeckte Kaffeetafel im Garten einer mit Efeu bewachsenen Villa. Nichts wirklich Wertvolles, konstatierte Arnoult im Stillen. Er wunderte sich allerdings über einen schmalen Schlitz im Putz der Wand, der neben den Bildern gestemmt worden war, in dem ein rotes Elektrokabel lag, das bis zur Stuckdecke verlief und oben in einem kleinen Loch verschwand.
Wenn sie mir bitte folgen wollen, Monsieur Arnoult, murmelte Roubaix, während er mit schnellen Schritten die geschwungene Steintreppe hinaufstieg, wobei Arnoult Mühe hatte, dem jungen Inspektor zu folgen. Als sie den ersten Stock

erreicht hatten, standen sie in einem Flur, in dem auf beiden Seiten jeweils drei Türen zu sehen waren. Hier links in den drei Zimmern wohnen Madame und Monsieur Bertrand, das Hausmeisterehepaar. Die Umrisse der Leiche Monsieurs Bertrands haben sie bereits am Fuße der Treppe gesehen. Schräg gegenüber, am Ende des Flurs, hat Patrique, der dreißigjährige Sohn Bertrands, sein Zimmer. Patrique hat gestern Nacht im Yachthafen von St. Cyr gekellnert. Die beiden anderen Zimmer auf der rechten Seite sind laut Aussage von Madame Bertrand seit dem Tod des alten Monsieur Heroult, der vor einer Woche gestorben ist, unbewohnt. Kommissar Arnoult folgte Roubaix, der den Flur entlang ging und vor einer großen Doppeltür stehen blieb, die mit einem elektrisch betriebenen Zylinderschloß gesichert war, aber nun offen stand.

Voilà, die Gemäldesammlung der Heroults, grinste Roubaix und trat ein. Die Gendarmerie hatte zwei riesige Scheinwerfer installiert, die den fensterlosen Saal in ein grelles Licht tauchten.

Die Tür läßt sich nur öffnen, wenn man eine Zahlenkombination in diesen Kasten eingibt. Roubaix zeigte auf eine Art Tastentelefon, das an der Wand hing.

Der Strom ist allerdings ausgeschaltet, genauso wie heute Nacht, als hier jemand eingestiegen ist. Außerdem ist das Schloß unversehrt, was auch immer das heißen mag ... So, und jetzt kommen wir zum Wesentlichen, erklärte Roubaix und deutete auf eine leere leicht vergilbte Fläche an der gegenüberliegenden Wand, etwa einen Quadratmeter groß. Hier hing einmal ein Picasso im Wert von ca. 1,5 Millionen Euro.

Wer behauptet das? Arnoult zog die Augenbrauen hoch.

Der junge Heroult, bisheriger Alleinerbe des gesamten Vermögens des verstorbenen Seniors!

Was heißt das?

Tja, es gibt wohl noch einen unehelichen Sohn, Professor Pirez aus Buenos Aires, der seit zwei Tagen hier im Haus lebt und behauptet, daß ihm ebenfalls ein Stück des Kuchens gehört.

Aha ..., brummte Arnoult und starrte gebannt auf das Hygrometer, ein Gerät mit einem Papierband, das kontinuierlich die Luftfeuchtigkeit aufzeichnete. Er ging in die Hocke und nestelte eine Lesebrille aus der Brusttasche seines beigefarbenen Leinensakkos.
Da haben wir's! Exakt um drei Uhr morgens stehengeblieben. Ist das die Zeit, die der Pathologe als Todesstunde bekanntgegeben hat? fragte er triumphierend, froh über seinen kleinen Sieg.
Inspektor Roubaix schluckte.
Tja, soweit sind wir noch nicht gekommen, erwiderte er mürrisch. Links neben dem leeren Fleck, den der Picasso bedeckt haben sollte, hing ein Bild von Renée Solaire, einem Künstler aus Aix-en-Provence, der in Anlehnung an ein Gemälde von Matisse reife saftige Zitronen vor einem Hintergrund aus stilisierten Lilien gemalt hatte. Hübsch, aber nicht umwerfend, dachte Arnoult. Die beiden Bilder auf der rechten Seite des Raumes waren allerdings bemerkenswerter. Zwei Aquarelle von Fotinsky. »La prostituée à Marseille« zeigte ein Mädchen in der Rückansicht, in der Eingangstür der Bar America stehend, das andere Bild, »Port du Midi«, bot dem Betrachter Fischerboote im Stil des Kubismus vor Häusern mit roten Dächern und weißen Fassaden.
Ein echter Kunstkenner hätte sicherlich auch die beiden Fotinskys mitgehen lassen, es sei denn, er wäre beim Raub gestört worden, sinnierte Arnoult. In der Mitte des Raumes entdeckte er eine Bronzeskulptur von Renata Senzo, ein männlicher Bronzekopf, dessen Lippen zu einem Kuß geformt waren.
Arnoult hatte die Künstlerin in der Galerie »Les Arcenauts« anläßlich seiner eigenen Vernissage kennengelernt, auf der seine Landschaftsaquarelle aus dem dunklen wild zerklüfteten Gebirge des Luberon und die Bilder der violetten Lavendelfelder des kargen Plateaus de Vaucluse ausgestellt waren. »Les Arcenauts« gehörte Monsieur Desnoyer, einem Kunst-

mäzen und Antiquitätenhändler. Der alte Mann mit dem listigen Lächeln eines Fuchses hatte die Ausstellung für ihn organisiert, ein langjähriger Freund und Förderer, der dafür sorgte, daß sein Talent über die Grenzen Marseilles hinaus bekannt wurde. Die Galerie am Cours d'Estienne d'Orves, einen Steinwurf vom Alten Hafen in Marseille gelegen, war für Arnoult nach dem Tod von Suzanne zur zweiten Heimat geworden, in der er sich oft mit Künstlern seines Genres traf.

Unter den Aquarellen von Fotinsky stand eine Louis Quatorze Kommode, deren Schublade halb geöffnet war. Roubaix bemerkte den Blick Arnoults.

Es fehlt ein silbernes Besteck aus dem 18. Jahrhundert. Im Vergleich zu dem Picasso nicht der Rede wert, sagte er, bevor er einen tiefen Zug aus der Zigarette nahm.

Doch, ist es, erwiderte Arnoult. Es sieht so aus, als hätte hier jemand mehr oder weniger wahllos zugegriffen. Gibt es Fingerabdrücke?

Nein, nur die der Hausbewohner, das heißt von Madame und Monsieur Bertrand, die hier ab und zu einmal saubergemacht haben, von ihrem Sohn Patrique, der seinen Eltern gelegentlich zur Hand geht, und natürlich von den Heroults. Von dem verstorbenen Senior ebenso wie von seinem Sohn, dem schließlich nun alles gehört!

Den beiden weiblichen Akten, holzschnitzartig, schwarz auf ockerfarbigem Hintergrund mit Ölfarben von einem nordafrikanischen Künstler namens M'Bhoto gemalt, die auf der rechten Seite des Saales hingen, schenkte Arnoult keine Beachtung. Auch die Plastik aus Polynesien, eine mit Perlenketten und Kaurimuscheln behängte Maske, interessierte ihn nicht.

Bringen sie mich bitte zu Madame Bertrand, bat er leise und wandte sich kopfschüttelnd um.

Zwei

Hey Margoux, laß uns die Kleine da vorne vernaschen! Lannier zeigte auf eine schwarzhaarige Nutte mit großen Brüsten und langen Beinen, die in ihrem gewagten Top mit Minirock, Netzstrümpfen und hochhackigen Pumps neben einem hellblauen Peugeot 206 Cabrio stand, der am Rande einer Lichtung geparkt war, und den Daumen herausstreckte. Margoux gab Gas. Der Motor des weißen Renault Rapid heulte auf und zwang das Auto mit quietschenden Reifen um die nächste Kurve der Serpentinen, die von der Küste hinauf in die Berge des Massif de St. Beaume führten. Heroult, ihr neuer Brötchengeber, hatte ihnen gesagt, sie sollten verschwinden und die restlichen Arbeiten an der Alarmanlage der Villa St. Fleurie zu Ende führen, wenn der Picasso wieder aufgetaucht sei.

Du Idiot, wir haben verdammt noch mal andere Sorgen, als die nächstbeste Tussi flach zu legen! Hör zu, hast du den Alten umgebracht?

Sag mal, spinnst du? Wie bist du denn drauf? Ich weiß gar nicht, wovon du redest? Lannier schob die Sonnenbrille, die bis dahin auf seinen Haaren gethront hatte, auf die Nase und verschränkte die Arme vor seiner Brust. Weißt du was, Margoux, du kannst mich mal!

Du mich auch, und jetzt laß uns vernünftig miteinander reden. Wo warst du gestern Nacht, sagen wir zwischen zwölf Uhr und vier Uhr morgens?

Bist du ein Bulle oder was?

Kapierst du nicht? Die werden uns in Verdacht haben. Wir haben schließlich die Alarmanlage montiert und wissen, wie sie funktioniert!

Blödsinn, bei den anderen Brüchen, die wir gemacht haben, ist doch auch kein Mensch auf die Idee gekommen, daß wir die Elektriker waren, die das Ding montiert haben, das dann doch nicht funktionierte!
Ja, aber da waren schon ein paar Wochen vergangen, bevor wir da eingestiegen sind. Da erinnerte sich niemand mehr daran, daß wir die Villen jemals betreten haben. Wir sind doch nichts anderes als zwei kleine Handwerker, die die Drecksarbeit machen und ein bißchen Knete dafür kriegen. Aber jetzt?
Das ist dein schlechtes Gewissen, das dich plagt, du solltest cooler werden. Wer soll denn auf die Idee kommen, daß wir einen Einbruch vorhatten? Bisher lief doch alles supergut! Vielleicht gibt's inzwischen andere, die es auf die gleiche Tour wie wir probieren. Nachahmer ... hey cool, wir sind die Lehrmeister für diese Arschlöcher!
Margoux bremste und lenkte den Renault in eine kleine Einfahrt zwischen zwei Pinien. Er ließ den Wagen rollen und stoppte abrupt ab.
Aber das ist doch genau das, was ich sagen will! Kapierst du das denn nicht? Es gibt jemanden, der uns auf die Schliche gekommen ist. Wer auch immer es ist, er weiß, wie wir arbeiten. Er weiß oder ahnt zumindest, daß wir die Häuser bei unserer Arbeit auskundschaften, und dann nach ein paar Wochen, wenn wir vergessen sind, zuschlagen.
Kapier ich nicht. Dann hätte er doch warten müssen, bis wir fertig sind, erwiderte Lannier und runzelte die Stirn.
Ich sag' doch, daß du ein Vollidot bist! Der will uns das Ding in die Schuhe schieben. Scheiße Mann, wir sind reif!
Du vielleicht, ich nicht ... ich hab' immer Handschuhe an, wenn ich ein Ding drehe!
Toll und die Fußabdrücke, Kratzspuren von Werkzeugen, was weiß ich. Was ist damit?
Wir waren immer vorsichtig. Sogar Gesichtsmasken haben wir getragen, obwohl uns niemand sehen konnte. Haben alle tief und fest gepennt. Weißt du noch, als der Alte nach seiner

Brille gekramt hat, als wir in seinem Schlafzimmer waren und seine Rolex vom Nachttisch geklaut haben, während er wach wurde? Lannier kicherte und schlug sich auf die Schenkel.
Na gut, vielleicht hast du Recht! Margoux lenkte ein. Aber wir müssen vorsichtig sein, dürfen jetzt keine Fehler machen, vor allen Dingen nicht auffallen, wenn wir Geld ausgeben. Wir müssen die Kohle weiter bunkern, den Schmuck, die Kreditkarten und das ganze Zeug rühren wir für eine Weile nicht an.
Bist du bescheuert? Ich hab' Schulden, Mann ... Was meinst du, warum ich bei der Sache mitmache. Mir steht das Wasser bis zum Hals. Rosaline und die Kinder wollen jeden Monat Bares sehen. Das Jugendamt hat mich am Arsch und dann dieser Kredit für den BMW ... Nee, nee, so läuft das nicht, Margoux ... Ich brauche das Geld und zwar dringend und sofort!
Margoux schwieg. Er dachte nach, dabei trommelte er mit den Fingerspitzen auf das Lenkrad.
Paß auf, ich hab' einen Käufer für die Rolex. Ich werd' dir das Geld vorstrecken. Irgendwann hole ich mir meinen Anteil wieder, okay?
Na gut, knurrte Lannier. Fahr endlich weiter, ich brauch' ein Bier und was zwischen die Kiemen.

Drei

Roubaix klopfte an die Tür und wartete nicht, bis sich jemand meldete. Er trat ein, dicht gefolgt von Arnoult, der überrascht schien, wie hell und freundlich der Wohnungsflur war, im Gegensatz zum Treppenhaus der Villa.

Kommen Sie! drängte Roubaix, der den Gang entlang eilte und die Tür zur Küche aufstieß. Madame Bertrand, eine etwa sechzigjährige, grauhaarige, stämmige Frau mit breiten Hüften und dicken Oberarmen, stand, ganz in schwarz gekleidet, an einem schweren Küchentisch aus Eiche, übergoß ein Kaninchen, das in einer Casserolle lag, mit einem kräftigen Rotwein aus Bandol und garnierte es mit einem Tymianzweig. Arnoult sog den Geruch nach Knoblauch, Kräutern und Gewürzen ein und bekam Appetit auf einen deftigen Braten, als er die Kupfertöpfe- und pfannen betrachtete, die nebeneinander aufgereiht über dem Kamin hingen. Gegenüber von Madame Bertrand saß ein junger Mann vor einer Schale mit Kaffee, in die er von Zeit zu Zeit ein Baguette tunkte.

Seinem wachsbleichen Gesicht und den teigigen, aufgedunsenen Gesichtszügen sah man die regelmäßige Nachtarbeit an.

Darf ich vorstellen, Monsieur Arnoult, Mordkommission Marseille, Madame und Patrique Bertrand.

Der junge Mann nickte geistesabwesend in Richtung Arnoult, biß von seinem Baguette ab und spülte den Happen mit einem Schluck Kaffee hinunter.

Ich hab' schon alles gesagt, erklärte Madame Bertrand mit weinerlicher Stimme und wischte sich mit dem Handrücken eine Träne aus dem rechten Auge.

Wenn sie bitte so freundlich wären ..., murmelte Arnoult.

Madame Bertrand hob resigniert ihre Schultern und ließ sie fallen, als wäre alle Kraft aus ihr gewichen.

Wann ist es passiert?

Heute morgen um drei Uhr, entgegnete Madame Bertrand mit leiser Stimme. Mein Mann ist zuerst wach geworden, wenig später auch ich. Wir hatten ein Geräusch gehört und ich habe auf die Uhr geschaut. Mein Mann ist aufgestanden und wollte das Licht anmachen, aber das funktionierte nicht. Er hat dann eine Taschenlampe aus der Kommode im Flur geholt, die er für solche Fälle dort aufbewahrt. Dann hat er die Tür aufgemacht und wollte in den Keller gehen, um nach der Hauptsicherung zu sehen. Vorher hat er noch den Schlüsselbund vom Haken genommen, an dem auch der Schlüssel für den Sicherungskasten hing. Wenig später habe ich einen Schrei gehört. Ich hatte plötzlich furchtbare Angst. Schließlich bin ich doch aufgestanden und hinter meinem Mann hergegangen. Er lag unten am Fuß der Treppe, die Taschenlampe und die Schlüssel neben sich. Ich dachte zuerst, er sei gestürzt. Ich habe mir den Schlüsselbund geschnappt und bin dann schnell in den Keller gerannt, um die Sicherung einzuschalten. Der Sicherungskasten stand offen und ich konnte das Ding dann wieder einschalten. Ich weiß nicht, wer den Kasten offen gelassen hat. Als ich wieder oben ankam, sah ich, daß mein Mann aus einer Kopfwunde blutete. Neben ihm lag ein eiserner Schürhaken, den wir im Winter benutzen, um den Kamin im Wohnzimmer anzuheizen. Jemand hat ihm damit den Schädel eingeschlagen, schluchzte sie mit erstickter Stimme. Ich habe eine Zeit lang gebraucht, um mich zu fassen, bevor ich die Kraft hatte, die Polizei anzurufen. Das ist alles ...

Arnoult wandte sich an Patrique Bertrand: Was ist mit ihnen, wann haben sie vom Tod ihres Vaters erfahren?

Es ist genug, sie sehen doch, daß meine Mutter ...!

Na schön, wenn sie jetzt nicht antworten wollen, muß ich sie für heute abend auf die Gendarmerie vorladen, erwiderte Arnoult ungerührt. Er wunderte sich, daß er die Untersu-

chung bis jetzt ohne weitere Komplikationen über die Bühne gebracht hatte. Sein Wundmal hatte sich nicht bemerkbar gemacht und seine Stimme war fest geblieben.
Patrique Bertrand schwieg eine Weile. Er nestelte eine Gitanes Maïs aus der Packung, zündete sich die filterlose Zigarette an und nahm einen tiefen Zug, bevor er anwortete.
Ich bin Kellner im Yachtclub von St. Cyr. Gestern abend gab es eine heiße Party anläßlich einer Regatta im Clubhaus. Monsieur Heroult und seine Freundin waren auch dabei. Wir haben bis heute morgen vier, fünf gefeiert, bis die Polizei uns endlich gefunden hatte. Niemand hat bei dem ganzen Lärm, den die Partygäste veranstalteten, das Telefon gehört, als meine Mutter versucht hat, mich anzurufen. Irgend ein Sergeant hat mich angesprochen und mir mitgeteilt, daß mein Vater ermordet wurde. Monsieur Heroult und seine Freundin wollten mich in ihrem Alfa mitnehmen, aber ich bin lieber mit meinem eigenen Wagen hierher gefahren. Und jetzt lassen sie uns bitte in Ruhe ..., schloß Patrique Bertrand mürrisch.
Sicher, aber wir sehen uns noch, erwiderte Arnoult gelassen und trat zusammen mit Roubaix den Rückzug an.
Nachdem sie die Wohnung verlassen hatten, nahm Roubaix den Kommissar beiseite. Einer unserer Gendarmen hat den jungen Bertrand, seine Freundin Monique und Heroult samt Begleitung, eine Filmschauspielerin aus Paris, auf dessen Yacht im Hafen von St. Cyr angetroffen. Was auch immer die vier dort getrieben haben, sie scheinen zur Tatzeit dort gewesen zu sein, grinste Roubaix anzüglich.
Na schön, lassen wir das, seufzte Arnoult. Knöpfen wir uns den jungen Erben vor!

Vier

Die Tür des Büros, das im Erdgeschoß des Westflügels der Villa lag, stand weit offen. Heroult winkte die beiden Polizisten herein, als er sie im Foyer erblickte. Er war hoch gewachsen, hatte eine sportliche, durchtrainierte Figur, war Anfang vierzig, braungebrannt und trug ein Polohemd zu einer Designerjeans. An seinem rechten Armgelenk glänzte eine goldene Rolex Submariner Date mit blauem Ziffernblatt. Heroult stand vor einem Stahlschrank, dem er einen Aktenordner entnommen hatte, in dem er blätterte. Er lächelte geschäftsmäßig, als er Arnoult und Roubaix Stühle vor seinem Schreibtisch und Getränke anbot.

Ein Schluck Wein, einen Pastis, Cognac, Cassis, was darf es sein?

Sind wir schon beim Aperitif, grinste Arnoult, als er an den angebotenen Cassis dachte, den Likör aus schwarzen Johannisbeeren aus der gleichnamigen Küstenstadt, die nur wenige Kilometer entfernt lag. Der Likör hatte sich in den letzten Jahren zu einem Exportschlager entwickelt, sodaß er inzwischen in ganz Frankreich kopiert wurde. Ganz zum Ärger Arnoults, der nur das Original trank, am liebsten nach einem guten Essen.

Er schwieg und musterte die Urkunden an den Wänden links und rechts des Schreibtisches. Trophäen aus längst vergangenen Zeiten. Goldmedaillen für den Rosé der Domaine St. Fleurie aus den Jahren 1954, '59 und '64. Zwei Silbermedaillen für den Rotwein aus den Siebzigern.

Nein danke, ich möchte nichts ..., entschied Arnoult zerstreut, als er sich setzte. Er blickte zu Roubaix hinüber, dem man ansah, daß er einen Cognac gut vertragen konnte. Mein Name ist

Arnoult, ich bin Kommissar beim Morddezernat in Marseille. Ich würde gerne wissen, wo sie sich in der letzten Nacht zwischen drei Uhr und fünf Uhr morgens aufgehalten haben.
Das sagte ich Inspektor Roubaix bereits. Ich war zuerst im Clubhaus, später an Bord meiner Yacht Petite Fleur, die im Hafen von St. Cyr vor Anker liegt. Für beides gibt es Zeugen. Mademoiselle Clavine, eine Schauspielerin aus Paris, sowie mein Hausangestellter Patrique Bertrand und dessen Freundin Monique waren sowohl im Clubhaus als auch an Bord der Yacht.
Wußten sie, daß der Sicherungskasten im Keller an diesem Abend nicht verschlossen war?
Das ist mir neu ..., erwiderte Heroult stirnrunzelnd. Ich habe eine Firma mit der Installation eines umfangreichen Sicherungssystems beauftragt, daß mich bis jetzt schon eine Stange Geld gekostet hat. Die Versicherungsgesellschaft hat darauf bestanden, bevor sie die Police für die Bilder in meiner Galerie ausgestellt hat.
Wer ist im Besitz der Schlüssel für den Kasten?
Lassen sie mich überlegen ... da ist zunächst Monsieur Bertrand, dann die Firma selbst, schließlich habe ich selbst ein Exemplar, das ich hier in diesem Safe aufbewahre. Heroult deutete auf einen grauen Kasten, der unter den Urkunden an der Wand stand.
Und ist der Schlüssel dort noch vorhanden?
Da brauchen wir gar nicht nachzusehen, sagte Heroult mit fester Stimme, den habe ich, seitdem ich ihn bekommen und dort hingehängt habe, nicht mehr angerührt!
Kommissar Arnoult runzelte die Stirn. Sein Gesicht sah aus wie ein einziges Fragezeichen. Seine Narbe begann heftig zu zucken und er beschloß das Thema zu wechseln.
Wie ich hörte, ist ihr Vater kürzlich verstorben ... mein herzliches Beileid ... sind sie der Alleinerbe dieses Anwesens?
Meines Erachtens schon, es gibt allerdings noch einen unehelichen Halbbruder, Monsieur Pirez, der zur Beerdigung mei-

nes Vaters aus Argentinien angereist ist. Aristide behauptet, daß ihm ein Teil des Erbes meines Vaters zusteht. Ich habe ihm ein Gästezimmer zur Verfügung gestellt. Er darf so lange dort bleiben, bis die Erbstreitigkeiten geschlichtet sind. Ich habe meinen Rechtsanwalt damit beauftragt ..., erwiderte Heroult äußerlich gelassen, doch Arnoult spürte, daß ihn dieser Mitkonkurrent um das Erbe nicht kalt ließ.
Was haben sie bisher beruflich gemacht, Monsieur Heroult?
Ich habe für meinen Vater die Geschäfte in Paris geführt. Wir betreiben einen international erfolgreichen Weinhandel. Mein Vater hat klugerweise vor zwanzig Jahren unsere Weinfelder verkauft und sich statt dessen ganz auf den Handel verlegt. Ich selbst habe einen Teil meines Privatvermögens in eine Filmproduktionsgesellschaft investiert, die abendfüllende Serien für verschiedene Sender produziert. Übrigens ein sehr lukratives Geschäft.
Mademoiselle ... wie war doch gleich ihr Name?
Clavine, ergänzte Heroult.
Wo treffe ich sie an?
Françoise hat sich in ihr Hotelzimmer zurückgezogen. Diese schrecklichen Ereignisse haben sie sehr mitgenommen. Wir haben uns für heute abend so gegen acht im Yachtclub zum Essen verabredet.
Und das Kaninchen in der Casserolle, das Madame Bertrand vorbereitet? Roubaix zog erstaunt die Augenbrauen hoch.
Das ist für Monsieur Pirez und seine Gattin. Heroult bemühte sich, nicht abschätzig zu klingen.
Gut, Monsieur Heroult, ich will sie nicht länger aufhalten. Trotzdem möchte ich sie bitten, St. Cyr in den nächsten Tagen nicht zu verlassen.
Stehe ich etwa unter Mordverdacht? lächelte Heroult süffisant.
Wie so ziemlich jeder hier in der Villa St. Fleurie. Arnoult verabschiedete sich mit einem Kopfnicken.

Fünf

Sie haben bestimmt noch etwas vor, Roubaix, lassen sie mich alleine mit den Eheleuten Pirez reden.
Arnoult, ich denke, daß das alles nichts bringt, was wir hier betreiben. Es gibt eine Serie von Einbrüchen in Villen, die alle hier in der Region Var stattfanden. Es muß Spezialisten geben, die das Terrain erkunden und dann zuschlagen. Hier ist zum ersten Mal ein Mord passiert, vermutlich weil Monsieur Bertrand den oder die Einbrecher überrascht hat. Ich werde in die Präfektur fahren und die Akten mit diesem Einbruch hier vergleichen. Möglicherweise ergibt sich so etwas wie ein Muster.
Tun sie, was sie nicht lassen können. So gegen 23 Uhr werde ich sie in ihrer Klause besuchen kommen, dann können wir darüber reden, was wir herausgefunden haben.
Ich werde da sein, knirschte Roubaix, und übrigens viel Erfolg, fügte er mit einem ironischen Grinsen an, bevor er sich abwandte und eilig die Villa verließ.
Kommissar Arnoult stieg erneut die Treppe zum ersten Stock hinauf, wobei er diesmal eingehend die Ahnengalerie betrachtete, die im matten Licht des Kristallüsters glänzte.
Jean Phillip Heroult, 1862-1923, war auf einem Messingschild auf einem schweren vergoldeten Rahmen eines Ölgemäldes zu lesen, das einen streng blickenden Herrn im besten Alter mit Backenbart und Nickelbrille zeigte, der einen Jagdanzug trug und eine doppelläufige Flinte in der Hand hielt.
Der Großvater der zukünftigen Erben des gestohlenen Picassos, grinste Arnoult im Stillen.
Vom gleichen Kaliber, aber entsprechend älter, war der Gründer des Reichtums, Pierre Auguste Heroult, in Öl auf einem

Bild verewigt, das einige Stufen höher hing. Er saß in der Uniform eines napoleonischen Kavallerieoffiziers auf einem Stuhl, dessen Lehne reich verziert war und blickte den Portraitisten durch ein Monokel an, das ihm einen mokanten Gesichtsausdruck verlieh. Zu seinen Füßen lag ein schwarzer Labrador, der einen Fasan verschlang.

Das ist schon richtig, daß ein argentinischer Bastard nicht in diese Erbfolge paßt, überlegte Arnoult und grinste innerlich, als er an der Tür des Gästezimmers klopfte.

Es dauerte eine Weile, bis er eine gedämpfte müde Stimme hörte, die in gebrochenem Französisch fragte: Wer ist da?

Kommissar Arnoult.

Einen Augenblick später öffnete sich die Tür und er stand einer Frau von Anfang sechzig gegenüber, die ein mit roten Rosen verziertes Armani-Kleid trug, das ihre stattliche Figur betonte. Ihr wallendes schwarzes Haar war nur von wenigen grauen Strähnen durchzogen. Große goldene Ohrringe betonten das Gesicht einer Aztekin, das streng und herbe wie aus Stein gemeißelt wirkte. Ihre Stimme klang rauh und schleppend wie bei einer mechanischen Puppe, als sie ihn in das Zimmer bat.

Mein Mann, Professor Pirez, hat gerade geschlafen. Er ist herzkrank und braucht noch ein wenig Zeit, bis er sich angekleidet hat. Setzen sie sich doch bitte. Sie deutete auf einen Korbsessel, der unter dem Fenster stand, das geöffnet war, um den kalten, karg möblierten Raum zu lüften. Arnoult trat an das geöffnete Fenster und sog den Duft von Thymian und Salbei ein, den eine sanfte Brise in das Zimmer wehte, bevor er sich umwandte und mit dem Rücken an die Fensterbrüstung lehnte. Die Einrichtung des Zimmers bestand aus antik gebeizten Weichholzmöbeln, einem Tisch und vier wackeligen Stühlen mit Sitzflächen aus geflochtenem Bast. Die Sorte Möbel, wie man sie in jedem Hypermarché findet. Nichts für die Ewigkeit.

Setzen sie sich doch, bat eine brüchige Stimme. Professor Pirez stand im Morgenmantel vor ihm und deutete mit einem

Stock auf den Sessel. Er selbst ließ sich ächzend auf einen der Bauernstühle nieder und gähnte herzhaft. Pirez war unrasiert und die grauen Stoppeln auf seinem aufgedunsenen Gesicht ließen ihn alt und krank aussehen.

Was wollen sie von uns wissen, Kommissar Arnoult? Wir haben diesem jungen Inspektor, wie heißt er doch gleich ...? Er wandte sich hilfesuchend an seine Frau, die sich an einer Anrichte zu schaffen machte und sich einen Cognac eingoß.

Roubaix, murmelte sie, und nahm einen tiefen Schluck aus dem Cognacschwenker.

... also diesem Roubaix doch alles gesagt, fuhr Aristide Pirez müde und gereizt fort.

Wo waren sie gestern nacht zwischen ein Uhr und drei Uhr morgens? Arnoult wirkte ungerührt.

Hah, sie sind lustig, wenn ich meine Herztabletten mit einem Glas Milch zu mir genommen habe, schlafe ich wie ein Murmeltier.

Wann ist das?

Na, zum Abendessen, so zwischen zwanzig und einundzwanzig Uhr. Madame Bertrand versorgt uns ausgezeichnet, sie bringt uns die Mahlzeiten und liest uns jeden Wunsch von den Augen ab. Ganz im Gegensatz zu meinem Halbbruder, der sich standhaft weigert, mir meinen Erbanteil auszuzahlen, brüllte Pirez und hieb mit der Faust auf den Tisch. Dabei atmete er so heftig wie ein Blasebalg, und sein Gesicht lief rot an.

Du sollst dich nicht aufregen, Aristide, sagte Madame Pirez ruhig, nachdem sie an ihrem Cognac genippt hatte.

Wie kommt es, daß sie mit Heroult verwandt sind? fragte Arnoult freundlich lächelnd.

Meine Mutter ist eine französische Jüdin, die während des Vichyregimes nach Südfrankreich geflohen ist. Sie hatte ein Verhältnis mit Julian Heroult, meinem Vater, der vor einer Woche verstorben ist. Wir haben uns sofort auf den Weg gemacht, nachdem wir von seinem Tod erfahren haben. Pirez bemühte sich mit bitterer Miene, nicht wieder aus der Haut zu fahren.

Sind sie offiziell als dessen Sohn anerkannt worden?
Meine Mutter hat ihre Flucht aus Frankreich mit einem Gemälde von Picasso bezahlt. Dasselbe gute Stück, das gestern nacht gestohlen wurde. Heute ist das Meisterwerk Millionen wert, damals hat sie nur ein paar Franc dafür bekommen. Aber das ist noch nicht alles. Sie mußte mit diesem Weinbauern ins Bett, damit er ihr abnahm, daß es ein echter Picasso ist. Er hat ihr ein Almosen in die Hand gedrückt und sie nach Marseille abgeschoben. Bei einem dieser Tête-à-tête bin ich wohl gezeugt worden. Der Alte hat mich nie offiziell adoptiert, aber meiner Mutter hin und wieder Geld bis zu ihrem Tod vor zwei Jahren geschickt. Dann hörte ich nichts mehr von ihm, bis die Todesnachricht samt Testament kam. Mein Vater will mich mit hunderttausend Euro abspeisen und hinterläßt seinem zweiten Kind Millionen, endete Pirez und schüttelte resigniert den Kopf.
Gibt es eine Korrespondenz zwischen dem alten Heroult und ihrer Mutter?
Aber sicher, Kommissar Arnoult. Ich war bis vor drei Jahren Professor für Romanistik in Buenos Aires, bis ich zwei Herzinfarkte kurz hintereinander bekam. Man hat mir einen Bypass eingesetzt. Von dieser Operation habe ich mich bis heute nicht richtig erholt. Aber das nur nebenbei ..., murmelte Pirez in Gedanken versunken. Ich habe die Briefe meiner Mutter zum Anlaß genommen, mich mit dem Schicksal französischer jüdischer Exilanten auseinanderzusetzen. Dabei sind mehrere beachtliche wissenschaftliche Publikationen entstanden, die dazu geführt haben, daß ich eine Professur an der Universität von Buenos Aires erhielt, fügte er stolz hinzu.
Wie sind sie an die Briefe gekommen?
Es gibt hier eine inzwischen uralte Zimmergenossin meiner Mutter, Madame Esterell, die betreibt seit Jahrzehnten einen Kunsthandel in der Rue Quattre Septembre, unten im Städtchen. Als junger Mann war ich schon einmal hier ..., seufzte Professor Pirez und starrte aus dem Fenster. Das war kei-

ne gute Erfahrung, die ich damals gemacht habe. Mein Vater hat mich damals nicht einmal empfangen. Er wollte nichts von mir wissen. Er schluckte, als säße ihm ein Kloß im Hals.
Und die Briefe?
Ich habe dann Madame Esterell gebeten, mir die Briefe auszuhändigen. Ich mußte ihr allerdings hoch und heilig versprechen, die Korrespondenz zurückzugeben. Pirez wandte sich an Kommissar Arnoult. Sie lebt in ihren Erinnerungen, wissen sie, sagte er lächelnd.
Beweisen diese Unterlagen ihre Identität als Sohn des alten Heroult?
Aber ja doch! Professor Pirez nickte heftig. Meine Mutter hat ihn nie unter Druck gesetzt. Sie hat ihr Leben lang als Zeichenlehrerin gearbeitet und ihr eigenes Geld verdient. Wir waren arm, aber wir haben nie betteln müssen. Es war kein Mitleid, daß der Alte uns ab und zu etwas Geld schickte, sondern sein schlechtes Gewissen! Madame Esterell lebte als junges Mädchen mit Maman in Paris zusammen und kann ihnen bestätigen, was ich ihnen erzählt habe. Soll ich ihnen die Adresse noch einmal nennen?
Lassen Sie nur, Professor, ich habe es mir schon notiert. Arnoult ließ das kleine rote Notizbuch wieder in seiner Jackentasche verschwinden. Das Problem ist, ich ermittele in einem Mordfall, Monsieur Pirez, und nicht in einer Erbangelegenheit. Ich fürchte, daß das die Gerichte klären müssen ... Ach übrigens, haben Sie die Briefe eigentlich schon einmal einem Rechtsanwalt vorgelegt?
Ja sicher, 1974 ... damals galten sie als nicht rechtsgültig, in den Augen der Justiz bewiesen sie gar nichts. Mein Bruder hat irgend einen Winkeladvokaten mit der Wahrung seiner Rechte beauftragt. Ich denke, daß ich nicht umhin kommen werde, erneut einen Rechtsbeistand einzuschalten, erwiderte Pirez leise.
Wie auch immer, ich werde sie jetzt alleine lassen und gegebenenfalls auf sie zurückkommen. Guten Abend, Monsieur

... Madame, verabschiedete sich Arnoult und verließ das Zimmer, das trotz der milden Brise immer noch nach Medikamenten und Alter roch.
Auf dem Flur griff Arnoult in die Brusttasche seines Leinenjackets und holte die Photographie hervor, die ihm Roubaix gegeben hatte. Es war ein Photo, das anläßlich der Aufführung der *Madame Bouvary* in St. Etienne aufgenommen worden war. Die Schauspielerin Françoise Clavine war rot umrandet und kaum zu erkennen, zumal sie ein Kleid aus der Jahrhundertwende trug. Trotzdem ließ das Bild seinen Atem stocken. Françoise Clavine erinnerte ihn an Suzanne.

Sechs

Arnoult verließ die Villa und ging zu seinem Wagen. Der ID 19 war zwar mehr als dreißig Jahre alt, aber immer noch gut in Schuß. Arnoult blickte auf die Uhr. 18:20. Das Clubhaus lag direkt am Yachthafen von St. Cyr, gar nicht zu verfehlen. Er startete den Motor des Citroën und gab Gas. Er wendete und prügelte den Wagen über die holprige Einfahrt. Die Hydropneumatik schluckte die Schlaglöcher und hielt den Oldtimer in der Spur. Vor jeder Biegung bremste er hart und zwang den Wagen mit dem einspeichigen Lenkrad in die Kurve. Links der schmalen asphaltierten Straße ging es steil bergab. Rechts von ihm säumten Pinien den Weg. Sie warfen lange Schatten und schluckten das fahle Abendlicht. Es war angenehm kühl und Arnoult kurbelte mit einer Hand die Scheibe herunter. Die orangefarbene Tachonadel kletterte in den Geraden auf hundertzwanzig. Das Getriebe krachte, wenn Arnoult mit der Krückstockschaltung den dritten Gang einlegte.

Plötzlich brach Arnoult in Schweiß aus. Er trat auf die Bremse, riß das Lenkrad herum, bog in einen Feldweg ein und kam nach wenigen Metern zum Stehen. Arnoult schloß die Augen und sah Suzannes Leichnam, wie ihn die Rettungskräfte aus dem brennenden Wrack zerrten. Er zitterte am ganzen Körper, fuhr sich mit beiden Händen durch das Gesicht, berührte die brennend heiße Narbe und versuchte tief durchzuatmen. Es dauerte ein paar Minuten, bis sich sein Puls beruhigt hatte und seine Hände nicht mehr zitterten.

Ganz ruhig, es ist nichts passiert, du lebst noch, du bist nur für den Rest deines Lebens gezeichnet, aber du hast auch niemanden vorsätzlich umgebracht. Es war ein Unfall, flüsterte er immer wieder wie ein Mantra. Dabei spürte er die Spiegelscherbe, die wie eine heiße Nadel seine Stirn zerfurcht und ihm diese Wundnarbe zugefügt hatte. Als der imaginäre Schmerz abgeklungen war, atmete er erleichtert auf. Es war mal wieder gut gegangen, er hatte sich noch einmal gefangen. Arnoult ließ den Motor an, manövrierte den Citroën zurück auf die Straße und hielt sich die restliche Strecke peinlich genau an die vorgeschriebene Geschwindigkeitsbegrenzung. Nach genau fünfundzwanzig Minuten und elf Sekunden brachte Arnoult den Citroën in einer prasselnden Wolke aus Kieselsteinen und Staub zum Stehen.

Ein Alfa Romeo Twin Spark mit einem geschickten Fahrer ohne Albträume wird die Strecke sicherlich noch schneller schaffen, spottete Arnoult, als er die Scheibe hochkurbelte, ausstieg und die Wagentür zuschlug. Das Abschließen konnte er sich sparen. Das Schloß hatte vor etwas mehr als vier Wochen den Geist aufgegeben und er hatte es bis jetzt nicht geschafft, den Wagen zu Monsieur Perrilard in die Werkstatt zu bringen.

Das eingeschossige Gebäude des Yachtclubs lag einen Steinwurf weit von der Hafenmole entfernt und hatte eine verglaste Front, die zum Wasser zeigte. Die Abendsonne ließ die Aluminiumrahmen der Fenster aufblitzen, als Arnoult sich seinen Weg zwischen Tischen und Stühlen hindurch über die Terrasse zur Eingangstür bahnte, die sich automatisch öffnete, als Arnoult unter die Kamera trat, die das Gebäude bewachte. Die Tür schloß sich hinter ihm und das klackernde Geräusch der Takelage der Segelboote, die in der leichten Brise an die Masten schlug, war verschwunden. Arnoult blickte sich um. Neben einem Tresen aus Teakholz, in der Form eines Bootsrumpfes, stand eine Bühne, auf der zwei Männer arbeiteten, die Lautsprecherboxen, Verstärkeranlagen und Mikrofonständer in große Aluminiumkisten verstauten, auf denen in fetten roten Buchstaben »The Hot Samba Trio« zu lesen war. Vor der Bühne gab es eine Tanzfläche, dahinter etwa zwanzig runde Caféhaustische, um die jeweils drei Stühle gruppiert waren.

Hinter dem Tresen machte sich Patrique Bertrand an einigen Gläsern zu schaffen, die er sorgfältig spülte und abtrocknete. Er würdigte Arnoult keines Blickes. Außer drei Männern im mittleren Alter, die braungebrannt und in Segleroutfit an einem der Tische hockten und lautstark über die nächste Regatta debattierten, und einer jungen Frau, die am Fenster saß, gab es keine Gäste. Arnoult schätzte die Frau auf Anfang dreißig. Sie trug eine dunkle Sonnenbrille und nippte an einem Weinglas, in dem sich Mineralwasser befand.

Arnoult trat neben sie: Entschuldigen Sie, Madame, wissen Sie vielleicht, wo ich Françoise Clavine treffen kann?

Sie blickte erstaunt zu ihm hoch. Obwohl sie blaß und ungeschminkt war, fand Arnoult ihre zarten Gesichtszüge mehr als attraktiv.

Sie müssen Kommissar Arnoult sein, lächelte die Frau, reichte ihm die Hand und stellte sich vor. Angenehm, Sie kennenzulernen. Ich bin die Gesuchte. Monsieur Heroult hat mich angerufen und mir erklärt, daß sie mich vernehmen wollen. Nehmen sie Platz, ich höre ... seufzte sie ergeben und deutete auf den Korbsessel, der neben ihr stand. Sie müssen entschuldigen, daß ich die Sonnenbrille trage, aber ich hatte heute Morgen einen Migräneanfall und halte mich nur mit einer Aspirin senkrecht, fügte sie mit einem gequälten Lächeln an.

Wo waren sie diese Nacht zwischen ein Uhr und drei Uhr morgens?

Warten sie mal ... die Salsaband spielte bis Mitternacht, danach haben wir noch etwas getrunken und sind dann zum Boot gegangen.

Wir?

Monsieur Heroult, Patrique Bertrand, seine Freundin Monique und ich ... Hören Sie, es ist mir peinlich, merken sie das nicht? Sie kicherte nervös.

Ich bin wie ein Beichtvater, ich kann schweigen wie ein Grab. Arnoult lächelte freundlich.

Wissen sie, ich bin seit Januar ohne Engagement, meine Ersparnisse neigen sich dem Ende zu. Monsieur Heroult war so nett und hat mir eine Rolle in einer Abendserie für Tele 1 angeboten.
Aha, nickte Arnoult gleichmütig.
Na ja, ich soll eine verheiratete Frau spielen, die mit ihrer Familie aus der Provinz nach Paris zieht. Ihr Mann hat eine gut dotierte Stellung in einem großen Unternehmen gefunden. Die gemeinsame Tochter ist fast erwachsen und geht ihre eigenen Wege. Die Frau ist oft einsam. Ihr Mann ist geschäftlich viel unterwegs und die Tochter weiht sie nicht in ihre kleinen Geheimnisse ein. Die Frau sucht eine neue Identität, dabei lernt sie einen anderen, jüngeren Mann kennen, der ihr zeigt, wie attraktiv sie noch ist ...
Das klingt ja wirklich spannend, erwiderte Arnoult scheinbar interessiert, aber das beantwortet noch lange nicht die Frage, womit sie sich auf dem Boot die Zeit vertrieben haben.
Es ist so, ich brauche den Job wirklich, seufzte Françoise.
Und dann ist man zu Dingen bereit, die man sonst vielleicht nicht machen würde, meinen sie das?
Ja, danke ... so ungefähr. Wissen sie, wir haben Strippoker und Flaschendrehen gespielt. Bevor es ernst wurde, kam die Polizei und hat uns vom Tod Monsieur Bertrands benachrichtigt. Meine Güte, ich schäme mich so, stammelte Françoise.
Und das soll ich ihnen glauben?
Aber ja, fragen sie Monique, sie ist in der Küche und hilft beim Kochen, soll ich sie holen?
Tun sie das. Arnoult nickte und blickte hinter ihr her.
Eine Figur wie ein junges Mädchen, intelligent, hübsch und keine Arbeit? Er schüttelte den Kopf. Wieder machte sich ein Ziehen auf seiner Stirn bemerkbar. Bitte nicht jetzt, murmelte Arnoult und blickte zu der Schauspielerin hinüber, die an dem Tresen irgendwelche Verhandlungen führte. Françoise Clavine wechselte ein paar Worte mit Patrique Bertrand und wartete einen Augenblick, bis ein Mädchen von Anfang zwanzig, mit schwarzem Bubikopf und einem silbernen Nasenpier-

cing, aus der Küche kam und ihren weißen Kittel auszog. Zum Vorschein kam ein Minirock samt Top, das den Blick auf einen gepircten Bauchnabel freigab, in dem ein kleiner Straßstein glitzerte. Sie trug Netzstrümpfe und hochhackige Sandaletten, die ihre langen schlanken Beine betonten.
Hi, ich bin Monique, darf ich mich setzen? Sie nahm im letzten freien Korbsessel am Tisch Platz, schlug ihre Beine übereinander, wobei für einen kurzen Augenblick ihr weißer Slip hervorblitzte, verschränkte die Arme vor ihrer vorwitzigen kleinen Brust und starrte Arnoult herausfordernd an.
Womit verdienen sie ihren Lebensunterhalt, Mademoiselle Monique? Arnoult atmete tief durch und räusperte sich.
Ich bin Kellnerin und Küchenhilfe ... aber nicht mehr lange ... Patrique und ich wollen heiraten und ein eigenes Lokal aufmachen, verkündete sie stolz.
Und der hat nichts dagegen, wenn seine Freundin beim Strippoker und Flaschendrehen mitspielt? Langsam aber sicher wurde er müde. Er haßte es, ein Verhör zu führen und gleichzeitig seine Narbe unter Kontrolle zu halten. Das Wundmal war wie eine Polizeisirene. Wenn er nicht aufpasste, spiegelte sich jede noch so kleine Gefühlsregung in der Farbe dieses häßlichen Striemens.
Ach was, der ist doch kein Kind von Traurigkeit, wir sind jung und noch nicht verheiratet. Andere Mütter haben auch hübsche Söhne und Christophe Heroult, oh làlà, den würde ich nicht von der Bettkante schubsen. Außerdem läßt der immer ordentlich was springen und das kann ich gut gebrauchen.
Das heißt, sie waren tatsächlich zu viert auf dem Boot und wollten sich die Zeit ein bißchen miteinander vertreiben, habe ich sie da richtig verstanden?
Aber ja doch, was ist daran so schlimm? tat Monique erstaunt.
Nun gut, sie können wieder an ihre Arbeit gehen, entließ sie Arnoult mit einem Schulterzucken und wandte sich stattdessen wieder Françoise Clavine zu. Hm, hm ... brummte er.

Kommissar Arnoult, bevor sie einen schlechten Eindruck von mir bekommen, möchte ich sie im Auftrag von Christophe zu einer Bootstour auf seiner Yacht in die Calanques einladen.
Was soll ich da? Arnoult blaffte sie mürrisch an.
Ich denke, er möchte ihnen ein wenig über seinen Halbbruder und den verschwundenen Picasso erzählen. Christophe würde ungern auf die Präfektur kommen und er hatte den Eindruck, beim letzten Gespräch mit ihm seien sie so kurz angebunden gewesen. Bitte tun sie ihm den Gefallen, mir zuliebe, flehte Françoise fast.
Na schön, wann soll es losgehen? Arnoult seufzte müde und erschöpft.
Wenn es ihnen nichts ausmacht, erwarten wir sie morgen gegen elf Uhr am Hafen. Das Schiff heißt Petite Fleur und ist eine weiße vierzig Fuß lange Yacht. Sie liegt dort drüben zwischen dem Zweimaster und diesem doppelstöckigen Kabinenkreuzer. Françoise deutete vage in Richtung der Hafeneinfahrt.
Ich werde sie schon finden, wenn sie mich jetzt bitte entschuldigen wollen, verabschiedete sich Arnoult, stand auf und ging, ohne sich noch einmal umzublicken, zu seinem Wagen. Er öffnete die Tür, ließ sich ächzend hinter das Lenkrad in den Sitz fallen, tastete nach der Flasche Evian, die er unter dem Beifahrersitz fand und nahm einen tiefen Schluck, bevor er den Strohhut ins Gesicht schob. Jetzt hieß es warten und sich entspannen. Fünf Minuten später verließ Françoise Clavine das Clubhaus. Sie sah trotz ihres Migräneanfalls blendend aus in ihrem knielangen Sommerkleid, der schlanken Figur, den langen Beinen und den Riemchensandalen mit dem halbhohen Absatz. Sie öffnete die Tür des weißen Renault Clio, der etwa zwanzig Meter entfernt im Schatten einer Platane geparkt war, startete den Motor, gab Gas und verließ den Parkplatz in einer Staubwolke. Arnoult stieg aus, ging zu dem Clubhaus und fand wenig später den Hintereingang, den er gesucht hatte. Die schwere Eisentür war unverschlossen und öffnete sich

zu einem Lagerraum, in dem Weinkartons, Kisten mit Thunfisch- und Tomatendosen, Säcke mit Zwiebeln und Knoblauchbündel in eisernen Regalen, die die Mauern entlang liefen, gestapelt waren. Die nächste Tür führte ihn in einen Flur, der hinter der Bar lag. Aus der Küche, die links von ihm lag, hörte er, wie Monique mit jemandem lachte und schäkerte. Von dort war nicht zu befürchten, daß man ihn entdeckte. Er wandte sich nach rechts und schlich den Flur entlang.

Patrique Bertrand war immer noch mit seinen Gläsern beschäftigt und bemerkte ihn nicht, als er lautlos hinter ihn trat.

Kann es sein, daß sie ihre Freundin auf den Strich schicken? Arnoult flüsterte und stieß ihm gleichzeitig den Zeigefinger wie einen Pistolenlauf in die Rippen. Bertrand zuckte zusammen und ließ das Glas fallen, das in den Ausguß fiel und in tausend kleine Stücke zersprang.

Kommissar Arnoult, was fällt ihnen ein, sind sie wahnsinnig? Bertrand war wachsbleich und seine Stimme zitterte.

Oder kann es sein, daß sie sich von Françoise Clavine eine kleine sexuelle Gegenleistung erhofften? Arnoult blieb ungerührt. Bertrand faßte in die Brusttasche seines weißen Hemdes und fingerte eine Packung Gauloise hervor, nahm ein Bic-Feuerzeug vom Tresen, steckte die Zigarette an und nahm einen tiefen Zug, bevor er antwortete.

Selbst wenn es so wäre, was geht sie das an?

Da haben sie sicherlich recht, Bertrand, trotzdem haben sie meine Frage noch nicht beantwortet.

Monique ist ein süßes kleines Ding, das gerne zeigt, was sie hat, zumal, wenn sie ein bißchen Geld dafür bekommt. Hören sie, Monsieur, Heroult ist kein Kind von Traurigkeit und hat ein paar Flaschen Champagner springen lassen. Immer wenn Monique beim Strippoker verloren hat, mußte sie mit einem Kleidungsstück bezahlen, während Heroult und Mademoiselle Clavine sich freigekauft haben.

Wie waren sie denn an dem Spiel beteiligt?

Na, was ein Kellner so macht, füllt die Gläser, mischt die Karten, sammelt das Geld ein, grinste Bertrand anzüglich. So, und jetzt muß ich mich an die Arbeit machen, wenn sie mich bitte entschuldigen wollen, knurrte Bertrand und wandte sich wieder seinen Gläsern zu.
Ich hoffe, der Abend hat sich für sie gelohnt. Wir sehen uns noch, Bertrand, höhnte Arnoult, drehte sich um und verließ die Bar auf demselben Weg, den er gekommen war.

Sieben

Der Tag hatte gut begonnen. Sie hatten sich im azurblauen Licht eines frühen Septembermorgens geliebt und dann beschlossen, eine Auszeit von den Schrecknissen dieser Welt in Gordes zu nehmen. Ein Nest, das sich in die Terassen eines Bergsporns am Rande des Plateau des Vaucluse klammert. Gordes wurde in den Sechzigern von Künstlern und Malern entdeckt. In der Mitte des Dorfes schlummert ein von Efeu überwuchertes Renaissanceschloß, das Victor Vasarely für den symbolischen Preis von einem Franc für 55 Jahre pachtete und für sich selbst renovierte. Der aus Ungarn stammende Op Art-Künstler war längst in Frankreich heimisch geworden und richtete dort ein Museum ein. Bald siedelten sich Kunsthandwerker, Restaurants und Andenkenläden an, die schnell zu einem Touristenmagnet wurden.

Die Häuser Südfrankreichs haben mir eine in sich widerspruchsvolle Perspektive aufgezeigt. Niemals gelingt es dort dem Auge, Schatten und festes Mauerwerk klar zu unterscheiden. Flächen und Räume, Formen und Hintergründe vermischen sich, wechseln einander ab, werden zu Abstraktionen und beginnen ihr eigenständiges Leben ... schrieb der Maler einst an einen Freund in einem Brief, den Arnoult während seines Studiums gelesen hatte. Wenn er in der schwirrenden Mittagshitze vor seiner Staffelei saß und die Formen sich auflösten, sodaß der Betrachter denkt, daß die Dinge schweben, hatte Arnoult erkannt, das Vaserely recht hatte und ihm im Stillen zu der exakten Beschreibung der Phänomene gratuliert.

Suzanne sagte ihre Veranstaltung über die Frühchristlichen Symbole bei den Kelten ab, die sie im historischen Seminar

der Universität von Aix-en-Provence halten sollte und Arnoult rief seinen Chef an und behauptete, daß er einen Außentermin habe, der ihn bis in die späten Abendstunden beschäftigen würde. Sie waren sich wie zwei Pennäler vorgekommen, die die Schule schwänzten. Arnoult ließ das Verdeck des Peugeot Cabrio herunter, setzte eine Ray Ban-Sonnenbrille auf, schaltete das Radio ein, öffnete Suzanne die Tür, die in ihrem dünnen Sommerkleid verführerisch wie eine griechische Göttin aussah und startete mit quietschenden Reifen in ihre heimliche Vergnügungstour. Sie verließen Marseille, folgten der Küstenstraße, die sich parallel zur Route National vorbei an kahlen Felsen schlängelte, und bogen in Höhe von La Bourdonniere in Richtung des Pilon du Roi ab, als plötzlich ein Lastwagen vor ihnen, vollgeladen mit Tomatenkisten, ächzend und stöhnend die holprige Piste entlang fuhr. Arnoult gab Gas, schaltete zurück in den dritten Gang, beschleunigte und setzte sich neben den LKW. Zu spät bemerkte er den Citroën, der direkt auf ihn zukam. Wie in Trance riß Arnoult das Lenkrad herum. Dann ging alles sehr schnell. Das Cabrio raste in den Straßengraben, überschlug sich mehrmals, rammte einen Felsblock und ging in Flammen auf.
Arnoult schreckte hoch. Er war schweißgebadet. Wie in einem immer wiederkehrenden Film sah er er den blutüberströmten Körper Suzannes und ihre weit aufgerissenen Augen, die ihn anzuklagen schienen.
Niemals, niemals wieder wird alles so sein wie früher, stöhnte Arnoult, fuhr sich mit den Händen durch das Gesicht, spürte das Flammenschwert der Narbe und wälzte sich aus dem Bett.
Er versuchte sich zu orientieren. Dann erkannte er das Zimmer wieder. Er war im Quatre Poisson, einem Hotel am Place du Marché in St. Cyr abgestiegen. Madame Bousset, die Wirtin, eine kleine dralle Person mit hochtoupierten blonden Haaren und einer überdimensionalen Brille, die mit Glitzer verziert war, hatte ihm diese Bleibe zugewiesen. Todmüde hatte

er sich auf das Bett fallen lassen und war sofort eingeschlafen. Warum hatte er zweimal am Tag denselben Albtraum gehabt? Ein Jahr lang war es ihm gelungen, die Dämonen der Vergangenheit zu bannen. Lag es daran, daß Françoise Clavine ihn an Suzanne erinnerte? Die gleichen fließenden Bewegungen. Er hatte sie beobachtet, wie sie in ihren weißen Clio einstieg. Die lässige Art, wie sie ihre Sonnenbrille in die Haare schob, selbstbewußt aber auch verletzlich. Françoise Clavine hatte seinen Eispanzer berührt, den er sich nach dem Tod von Suzanne zugelegt hatte. Er selbst hatte sich diesen Unfall nie verziehen. Er war für den Tod seiner Frau verantwortlich. Wochenlang vernachlässigte er seine Arbeit als Polizist. Arnoult trank mehr als ihm gut tat und kam oft zu spät oder gar nicht zum Dienst. Sein Chef mahnte ihn ab und schickte ihn zu einem Polizeipsychologen. Antoine Marmand, ein graubärtiger Riese, blätterte in seiner Personalakte und fand heraus, daß Arnoult einige Semester Malerei studiert hatte, bevor er auf die Polizeiakademie wechselte. Marmand riet ihm, sich wieder seinen Studien zuzuwenden. Arnoult zog in ein Atelier auf dem Boulevard Boille und versuchte, Suzanne zu vergessen. Die einzigen Gefühle, die Arnoult seitdem zuließ, waren die Eindrücke während seiner stundenlangen Spaziergänge durch den Luberon, auf denen er seine Skizzenbücher füllte, die die Grundlage für seine Bilder waren, die er nachts in seinem Atelier malte.

Arnoult blickte auf seine Uhr. Es war kurz vor zehn und er beschloß, die trübsinnigen Gedanken beiseite zu schieben und sich wieder seinen Ermittlungen zu widmen.

Acht

Arnoult biß ein Stück von der Tartine ab, die ihm Madame Bousset auf einem Teller angerichtet hatte. Dazu trank er einen Schluck des inzwischen kalt gewordenen Tisane. Dann öffnete er die Reisetasche und entnahm ihr eine Jeans und ein blaues Sweatshirt. Arnoult kleidete sich an, wählte zum Schluß ein Paar Nike-Turnschuhe und schaute dann, mit sich und der Welt wieder zufrieden, in den Spiegel des wackligen Kleiderschranks. Sein eisgrauer Bart, das borstige grauschwarze Haar und die wettergegerbte Haut, mit den vielen Falten und Runzeln, ließen ihn wie einen Weltumsegler aussehen, wenn da nicht die Narbe gewesen wäre. Jetzt sah sie aus wie eine wachsbleiche Schlange, die auf seiner Stirn prangte und seinem Gesicht einen irritierenden, verletzlichen Ausdruck verlieh. Niemand käme auf die Idee, in dem Mann mit der Baseballkappe der Los Angeles Lakers, die er jetzt tief in die Stirn zog, damit sie das Wundmal verdeckte, einen Polizisten zu vermuten.

Arnoult ging mit ausladenden Schritten, die Hände in den Jeanstaschen versteckt, die Taschenlampe fest umklammert, pfeifend über den Place du Marché, eine enge Gasse hinunter und stand nach wenigen Augenblicken am Hafenbecken von St. Cyr. Zwei Ausflugsboote, die tagsüber die Touristen in die Calanques von Cassis und Bandol brachten, dümpelten träge auf dem blauschwarzen Wasser, in dem das Mondlicht glitzerte. Eine sanfte Brise wehte über dem Hafen, Passanten streiften ihre Wolljacken über und Arnoult zog die Lakerskappe noch tiefer ins Gesicht. Er blickt sich um. Von den Caféhausbesuchern, die lachend und scherzend an den Tischen direkt hinter der Mole saßen und die laue Nachtluft genossen, hatte er nichts zu befürchten. Er konnte die Petite Fleur mit bloßen Augen erkennen. Die Positionslampe einer Yacht, die mit leise tuckerndem Motor den Hafen verließ, beleuchtete den schlanken weißen Rumpf des Schiffes, das immer noch neben dem Kabinenkreuzer vor Anker lag. Arnoult ging mit festen Schritten eine Steintreppe hinunter, die ihn auf einen metallenen Gittersteg führte, der wie ein H geformt war und das Hafenbecken in vier Segmente aufteilte. Am äußersten nördlichen Rand war die Petite Fleur festgemacht. Zielstrebig lief Arnoult den Mittelsteg entlang, wobei seine Nikes keinerlei Geräusch verursachten. Als er sich dem Kabinenkreuzer näherte, hörte er, wie Musik aus dem Rumpf des Schiffes drang. Vorsichtig schlich er zu dem Boot und linste durch eines der Bullaugen. Eine Blondine mit üppigem Busen hatte ihre Beine um die Hüften eines grauhaarigen Seemannes geschlungen, dessen faltiger Hintern im Rhythmus der Musik auf und nieder hüpfte. Der Blondine schien das zu gefallen. Sie hatte die Augen geschlossen und krallte ihre rotlackierten Fingernägel in den Achtersteven des Mannes und half ihm dabei, nicht aus dem Takt zu kommen.

Arnoult grinste. Die beiden hatten noch jede Menge zu tun und würden ihn nicht stören, wenn er die Petite Fleur untersuchte. Behende wie eine Katze sprang er auf das Dach des Schiffes. Arnoult hatte Latexhandschuhe übergestreift, drehte an dem Türgriff zur Kajüte, und zu seiner Verwunderung sprang die Türe auf. Kalter Zigarettenhauch hing in der Luft. Arnoult knipste die Taschenlampe an und kletterte die Holzstiege hinunter. Rings um die mahagonigetäfelte Kajüte verlief eine gepolsterte Bank. Vor Kopf entdeckte Arnoult einen Gaskocher und eine Spüle mit einem Unterschrank. Auf der Marmorplatte eines kleinen Tisches standen vier Gläser, in denen noch die Reste des Champagners zu erkennen waren. Moët Chardonnay, die Flasche lag auf dem Tisch und zeigte in Richtung der Tür.

Wer da wohl gesessen hatte? Monique, die sich gerade ihres Slips entledigte? Neben der Tür war eine Ministereoanlage in einem Regal installiert. Auf dem Tapedeck stand ein Aschenbecher, der von Zigarettenkippen überquoll. Arnoult schaltete das Gerät ein. Als die Displays aufflammten, drückte er die Open Taste des CD-Players. Das Fach öffnete sich und eine silberne Scheibe mit dem Bolero von Ravel kam zum Vorschein.

Wie geschmacklos, sinnierte Arnoult, als er die CD wieder im Player verschwinden ließ. Arnoult schaltete das Gerät aus, verließ die Kajüte und zog die Tür sanft hinter sich ins Schloß.

Neun

Arnoult schob den Ärmel seines Sweatshirts hoch und blickte auf seine Uhr. Fast Mitternacht, trotzdem zeigte das Thermometer im Schaufenster der Pharmacie Julien noch 30°. Die Mauern und das Pflaster der kleinen Stadt hatten die Hitze des Tages gespeichert und gaben sie jetzt ab. Arnoult wandte sich um und stieg gedankenverloren die Rue Baptiste Texier hinauf, eine kleine Gasse, die auf den Place du 4. Septembre führte. Hier lag das Hotel de Ville, in dem die Präfektur untergebracht war. Die Fenster im Erdgeschoß des ockerfarbenen Gebäudes aus dem 19. Jahrhundert waren vergittert. Kein Lufthauch regte sich. Die Trikoloren, die rechts und links des Eingangs an Fahnenstangen befestigt waren, hingen schlaff herunter. Es war totenstill, als Arnoult die Tür zum Dienstzimmer öffnete. Er stand in einem großen Raum, grell von Neonlampen beleuchtet, an dessen Wänden graue Aktenschränke aufgereiht waren. Auf den beiden Schreibtischen, die in der Mitte standen, türmten sich Monitore, Telefone und ein Haufen unerledigter Papierstapel. Über dem Aktenschrank entdeckte Arnoult großformatige Photos von Tourenrennwagen, aufgenommen auf dem Circuit Paul Ricard. Die Betonpiste, auf der im Sommer auch Formel 3-Rennen ausgetragen wurden, lag versteckt hinter Pininenwäldern auf einem Hochplateau, mitten in den Bergen von Le Castellet, keine dreißig Kilometer von St. Cyr entfernt.

Roubaix saß an einem der Schreibtische, gähnte herzhaft, nahm einen Schluck aus einem Pappbecher und steckte sich eine Zigarette an, bevor er auf einen kleinen gedrungenen Mann deutete, dessen Polizeiuniform in der Wäsche eingelaufen sein mußte, denn die Jacke spannte sich über dem

Bauch, der sich über einen schmalen Ledergürtel wölbte. Die Uniformhose hatte Hochwasser, sodaß es zwei graue Socken zu entdecken gab, die in blank gewienerten schwarzen Halbschuhen steckten.
Darf ich vorstellen, Sergeant Verlaine, Kommissar Arnoult, sagte Roubaix, wobei er mit einer weitausholenden Geste jeweils auf die Beamten deutete.
Angenehm, nickte Arnoult.
Kommissar, erwiderte Verlaine, wobei er für einen kurzen Moment Haltung annahm.
Sergeant Verlaine ist derjenige, der die Todesnachricht überbracht hat. Roubaix nahm einen tiefen Zug von der Zigarette.
Und, hatten sie alle die Hosen runter gelassen? spottete Arnoult.
Nein, Monsieur, ich hörte Musik, als ich die Yacht endlich gefunden hatte. Ich klopfte an die Kajütentür und wartete nicht, bis man mir aufmachte. Diese Monique tanzte auf dem Tisch, sie war gerade dabei ihre Bluse aufzuknöpfen ... Auf der Stirn des Sergeants hatten sich kleine Schweißperlen gebildet. Er war nervös und stützte sich mit einer Hand an der Schreibtischkante ab.
Und die anderen?
Ich weiß nicht mehr so genau ... Monsieur Heroult saß zusammen mit der Schauspielerin auf der Bank. Sie hatte ein kurzes Sommerkleid an, daß verdammt viel Bein zeigte. Soweit ich mich erinnern kann, trug sie hochhackige Riemchensandalen, aber nackt war sie nicht, stotterte Verlaine.
Und die beiden Männer?
Heroult hatte ein T-Shirt und Boxershorts an, der junge Bertrand war vollständig bekleidet. Er füllte, glaube ich, gerade die Gläser nach.
Was passierte dann? Arnoult gähnte herzhaft hinter der vorgehaltenen Hand und sehnte sich nach einem Kaffee.
Als Heroult meine Uniform sah, hat er die Musik abgestellt

und seine Hose wieder angezogen. Nachdem ich ihm erzählt hatte, daß wir den alten Bertrand tot aufgefunden haben, ist Monique vom Tisch gestiegen und hat Patrique in den Arm genommen. Der hat ganz schön gezittert. Mademoiselle Clavine hat sich eine Zigarette angesteckt, ist aufgestanden und hat sich schnell verabschiedet. Die drei anderen sind mit dem Polizeiwagen zur Villa gefahren. Während der Fahrt hat keiner von ihnen etwas gesagt.

Haben sie eigentlich Spielkarten in der Kajüte bemerkt?

Nein ... nicht das ich wüßte, überlegte Verlaine. Kann aber sein, daß ich sie in der Aufregung und der Eile übersehen habe.

Danke Verlaine, sie können gehen. Wenn ich sie noch einmal brauche, lasse ich es sie durch Inspektor Roubaix wissen.

Verlaine nickte erleichtert. Er verabschiedete sich schnell und ging hinaus.

Was halten sie denn von dieser Geschichte mit dem Strippoker, Roubaix?

Warum nicht? Die Leute sind heute sehr freizügig. Ich will ihnen mal was erzählen. Vor vier Wochen habe ich am Strand von St. Cyr ein Mädchen kennen gelernt. Sehr hübsch. Sie erzählte mir, daß sie Studentin in Marseille sei und daß sie hier ihre Cousine besuchen würde. Ich fand sie sehr nett und habe abends mit ihr in einer Discothek in Bandol getanzt. Den Rest können sie sich sicher denken. Als ich sie am nächsten Morgen fragte, ob ich sie noch einmal wiedertreffen kann, da schlug sie doch tatsächlich vor, daß ich sie im Internet besuchen könnte. Sie sei ein Webcamgirl, zwei Euro fündundneunzig die Minute! Was sagen sie dazu?

Und haben sie ihre Dienste im Netz in Anspruch genommen? grinste Arnoult.

Ach Blödsinn ... natürlich nicht! Ich kam mir wirklich dämlich vor. Aber so sind sie die jungen Dinger. Sex gegen Geld ist heute kein Problem mehr, erwiderte Roubaix ärgerlich.

Na schön ... und, sind sie bei ihren Recherchen fündig geworden? Arnoult lenkte ein.

Ja, mir scheint, da hat unsere Bande wieder zugeschlagen. Sehen sie hier. Roubaix hielt triumphierend den *Var Matin* hoch. Dabei deutete er auf ein Photo, das eine Villa zeigte, die in den Bergen oberhalb von Bandol lag. Der Einbruch dort ist letzte Woche passiert. Zwei weitere vor einem Monat in Cassis. Alle nach dem gleichen Muster. Die Besitzer sind nicht da, die Alarmanlage ist entweder nicht vorhanden oder abgeschaltet. Die Diebe nehmen soviel Wertvolles mit, wie sie tragen können. Meist Schmuck, Tafelsilber, herumliegendes Bargeld, Kreditkarten und – wie hier in Bandol – einen kleinen Matisse.

Haben sie schon eine Spur? Arnoult hatte Mühe, interessiert zu wirken.

Nein, aber ich gehe davon aus, daß die Typen hier aus der Gegend stammen, sich gut auskennen und die Villen vorher ausgekundschaftet haben, bevor sie losschlugen. Ein Mord ist dabei allerdings noch nie passiert. Ich vermute, daß sie überrascht wurden und dann aus lauter Panik den alten Bertrand erschlagen haben.

Gut, Roubaix, kümmern sie sich um die Obduktion und um die Ergebnisse der Spurensicherung ... Ach ja, und überprüfen sie, wer noch alles einen Schlüssel zu diesem Sicherheitsschrank hatte. Ich selbst gehe morgen auf große Fahrt.

Wie bitte? Roubaix spürte, wie ihm die Galle hochkam.

Tja, ich bin von Heroult und seiner Freundin zu einem Ausflug mit der Petite Fleur eingeladen worden. Mal sehen, welche Märchen mir die beiden noch auftischen werden.

Zehn

Obwohl er fünf Minuten unter dem kalten Strahl der Dusche gestanden hatte, fühlte sich Kommissar Arnoult immer noch müde und zerschlagen, als er T-Shirt und Turnschuhe wieder anzog und seine schütteren Haare mit der Lakerskappe bedeckte, um seine Kopfhaut vor der sengenden Sonne des Südens zu schützen. In seinen Träumen hatte er Suzanne umarmt und sie an sich geschmiegt, um sie zu trösten. Vor genau drei Jahren hatte sie eine Fehlgeburt in der vierten Schwangerschaftswoche gehabt. Sie hatten sich danach nie mehr richtig wohl und unbeschwert gefühlt. Sex war nicht mehr etwas, um sich zu entspannen, sondern um eine Familie zu gründen. Sie schliefen seitdem fast täglich miteinander, aber es wollte und wollte nicht klappen. Der Gynäkologe, den Suzanne regelmäßig konsultierte, führte ihrer beiden Unfruchtbarkeit auf den Streß zurück, den sie sich selbst bereiteten, um endlich Eltern zu werden. Suzanne war achtunddreißig, ihre biologische Uhr tickte, wann war es endlich soweit, daß sie Mutter wurde? An jenem Morgen, kurz vor dem Unfall, hatten sie zum ersten Mal seit Monaten unbeschwert miteinander geschlafen.

Wer weiß, vielleicht wäre ich jetzt Vater, wenn ich nicht so einen Mist gebaut hätte, sinnierte Arnoult niedergeschlagen. Er hatte jetzt keine Zeit für trübselige Gedanken, entschied er und gab sich einen Ruck.

Arnoult trank einen Café in der Hotelbar, aß ein Croissant, klemmte seine Staffelei samt Skizzenblock unter den Arm und schlenderte den kurzen Weg zum Hafen hinunter.

Christophe Heroult wickelte das Nylonseil zwischen Ellenbogen und Handspange auf, sicherte die Rolle mit einem hal-

ben Schlag und winkte Arnoult zu, der vorsichtig mit einem großen Schritt das Deck betrat.
Na, Kommissar, sind sie sonst eine Landratte? grinste Heroult spöttisch und rief in Richtung Kajüte.
Hey, Schatz, komm' mal her, unser Passagier ist an Bord! Es dauerte ein paar Sekunden, bis Françoise Clavine die Holzstiege hinaufgeklettert kam. Sie trug einen schwarzen Bikinislip und ein T-Shirt. Erst jetzt bemerkte Arnoult, daß sie braungebrannt und durchtrainiert war.
Was darf ich ihnen bringen? Ein eisgekühltes Bier, Orangensaft, oder bevorzugen sie etwas härteres? Sie lächelte schelmisch, wobei sie gekonnt die Augen aufschlug.
Ein Mineralwasser wäre mir recht, erwiderte Arnoult. Wo kann ich meine Sachen hinstellen, fragte er und deutete auf seine Malutensilien.
In diesem Moment startete Heroult den Schiffsdiesel. Er löste die Leine, mit der das Schiff an einem Poller festgemacht war, ging zum Steuerrad zurück, gab Gas und manövrierte das Boot in die Fahrrinne, wobei er eine Lücke zwischen dem Leuchtturm und dem Felsen anpeilte, die die Hafeneinfahrt bildete.
Oh, das ist kein Problem. Kommen sie doch hier herunter und stellen es in die Kajüte, winkte sie ihm zu. Als Arnoult in den Schiffsrumpf geklettert war, schnupperte er und stellte dabei fest, daß sich die Gerüche der Orgie, wenn es denn eine gewesen war, verflüchtigt hatten. Der Aschenbecher war geleert, ein Bullauge war zum Lüften geöffnet worden und die Sektkelche samt Champagnerflasche waren verschwunden. Nichts deutete auf eine ausgedehnte Party mit Stripeinlage hin.
Arnoult setzte sich und stellte die Staffelei ab.
Hier haben sie also gefeiert ...
Ja ... das ist richtig, erwiderte Françoise vorsichtig. Aber das ist jetzt nicht mehr wichtig, ich glaube, ich werde nie mehr bei so etwas mitmachen, fügte sie hastig an.
Der Polizist, der hier war, um sie abzuholen, hat erzählt, daß sie noch bekleidet waren ...

Stimmt, ich hatte Glück, ich habe eben ein paar mal gewonnen und deshalb ...
Und Monique war die Verliererin?
Nicht unbedingt, schließlich hat Christophe ihr etwas zugesteckt, damit sie mitmacht.
Wieviel?
Ich weiß nicht ... dreihundert Euro vielleicht. Françoise Clavine zuckte mit den Schultern. Sie öffnete die Kühlschranktür und nahm eine Flasche Perrier heraus. Sie schraubte den Verschluß ab und goß ein Glas randvoll, bevor sie es Arnoult gab.
Haben sie denn vorher so etwas schon gemacht?
Gott bewahre ... nein ... das war das erste und letzte Mal ... Oh, hören sie. Der Motor ist aus, wir segeln. Ist das nicht himmlisch. Sie berührte seinen Arm. Ganz leicht nur, aber es fühlte sich gut an. Nicht nach Berechnung, sondern wie die Geste einer Freundin, die ihre Begeisterung mit jemandem teilen möchte.
Lassen sie uns an Deck gehen. Ich weiß nicht, ob ich seefest bin. Frische Luft wäre mir lieber. Arnoult trank das Glas leer und stapfte hinter ihr die Stiege hinauf, wobei er ihr wohlgeformtes Hinterteil direkt vor seiner Nase hatte.
Wohin geht die Reise? Er beobachtete Heroult, der am Steuerrad stand, eine Sonnenbrille trug und einen prüfenden Blick auf das perfekt geblähte Segel warf. Die Petite Fleur tauchte kurz in die Wellen ein und kam sofort wieder hoch. Wie ein bockiges Pferd, das auf einem Parcours tänzelte und nur auf den energischen Schenkeldruck seines Reiters reagierte.
Lassen sie sich überraschen. Ich kenne eine Bucht, westlich von St. Cyr, etwa drei Seemeilen entfernt. Dort werden wir vor Anker gehen. Das Wasser ist flach und der Strand nur von See aus zu erreichen. Wir sind dort ungestört. Ich lade sie zu einem Picknick ein. Sie werden sehen, es wird ihnen gefallen.
Und warum das alles? Arnoult hockte sich backbord neben Heroult auf einen umgedrehten Eimer.

Sehen sie, Kommissar Arnoult, ich weiß ja nicht, was ihnen mein Stiefbruder erzählt hat, aber ... nach dem Tod meines Vaters führe ich die Geschäfte alleinverantwortlich. Ich habe erst seit kurzem einen kompletten Überblick über unseren Kontostand. Wir haben noch einige Verbindlichkeiten gegenüber unseren Lieferanten. Wenn wir diese beglichen haben, ist das Konto auf Null. Null gleich Null, wenn sie wissen, was ich meine. Die Villa ist unser Geschäftssitz, den können wir nicht so einfach veräußern, um Monsieur Pirez auszuzahlen.
Und der Picasso? Arnoult blickte zu ihm hoch.
Der Picasso ist sicherlich einiges wert. Ich hatte vor, das Kunstwerk zu verkaufen. Mit dem Erlös wollte ich die Serie vorfinanzieren, in der Mademoiselle Clavine mitspielt.
Wie hoch ist die Versicherungssumme ?
Etwa 1,5 Millionen Euro. Heroult starrte auf das Meer.
Haben sie ihren Bruder vorher schon einmal gesehen?
Nein, ich bin zwanzig Jahre jünger. Meine Mutter hat Vater in Paris bei einem Theaterbesuch kennen gelernt. Sie hat sich in St. Cyr nie richtig wohl gefühlt. Als mein Vater vorschlug, einmal nach Buenos Aires zu fahren, damit ich meinen Stiefbruder kennenlerne, hat sie ihm mit Scheidung gedroht. Mutter ist vor vier Jahren an Krebs gestorben. Sie hat den Namen Pirez nie erwähnt. Für sie gab es nur mich und meinen Vater. Sie war eine herzensgute Frau und ich habe sie sehr geliebt.
Wissen sie, ob ihr Vater trotzdem versuchte, Kontakt mit seinem Erstgeborenen aufzunehmen?
Ja, er hat mit Annette Pirez, dieser Mätresse, heimlich telefoniert. Ich habe ihn in seinem Arbeitszimmer belauscht. Wenn Maman schlief, und er sicher war, daß ihn niemand beobachtet, hat er sich an seinen Schreibtisch gesetzt, eine Zigarre angesteckt, die Füße hochgelegt, etwas, das ihm meine Mutter nie gestattet hätte, und stundenlang mit diesem Flittchen telefoniert. Ich fand es nicht richtig, schließlich war er mit meiner Mutter verheiratet.

Schön, aber warum hat er dann seinen Erstgeborenen in seinem Testament nicht besser bedacht?
Meine Mutter hat ihn bedrängt. Sie wollte Aristide, diesen Bastard, wie sie sich ausdrückte, am liebsten ganz leer ausgehen lassen. Ich glaube, Vater hat sehr darunter gelitten.
Haben Sie gewußt, daß ihr Halbbruder 1974 versucht hat, Kontakt mit ihrem Vater aufzunehmen und persönlich in St. Cyr war?
Hat er das tatsächlich? Ich weiß davon nichts! Bestimmt wieder einer dieser verdrehten Ideen unseres Professors, erwiderte Heroult spöttisch.
Françoise Clavine war an Deck geklettert und hatte sich auf die Planken zum Sonnen gelegt. Nach einer Weile zog sie ihr T-Shirt aus. Darunter trug sie einen knappen Bikini, dessen Oberteil ihre kleinen festen Brüste kaum bedeckten. Sie war wirklich eine provenzalische Schönheit, mit einem im Fitneßstudio gestählten Körper, der avec un peu fair de la régime in Form gehalten wurde und im schummrigen Licht einer Bühnenbeleuchtung sicherlich erheblich jünger wirkte. Arnoult hatte sie im Clubhaus auf Ende dreißig geschätzt. Jetzt, wo sie sich in ihrem Bikini in der Sonne aalte, hätte sie mancher Zwanzigjährigen die Show gestohlen. Arnoult hatte Mühe, sich auf das zu konzentrieren, was Heroult von sich gab. Er wollte sie nicht anstarren und dadurch sein Interesse an ihr bekunden. Suzanne und sie hätten Zwillingsschwestern sein können. Wie oft war er mit seiner Frau sonntags zum Baden ans Meer gefahren. Manchmal hatten sie es nicht mal bis nach Hause geschafft, um sich zu lieben, sondern sich mit einer Decke unter dem Arm auf eine schattige Lichtung verzogen, hoch oben über Marseille.
Wissen sie was, Heroult? Ich glaube ihnen kein Wort! Arnoult starrte auf das aufgewühlte Meer, dessen weiße Schaumkronen im grellen Licht der Mittagssonne glitzerten. Er dachte an Françoise, deren zarte Berührung bei ihm etwas ausgelöst

hatte, das nicht sein durfte. Nicht hier und nicht jetzt. Zum ersten Mal seit dem Tod von Suzanne fühlte er sich wieder zu einer Frau hingezogen. Er schluckte und setzte erneut an, nachdem er sich geräuspert hatte.

Gibt es irgend jemanden, den sie mir nennen können, der dieses ganze Drama, das sie da beschreiben, bestätigen kann?

Doch, doch, das entspricht alles der Wahrheit. Sie können das nachprüfen. In St. Cyr gibt es eine alte Dame, Madame Esterell, zugegeben ein bißchen verwirrt, über achtzig, aber die kennt unsere Familie und vor allen Dingen Annette Pirez seit undenklichen Zeiten. Sie hat mit der Mutter meines Stiefbruders in Paris gelebt. Soweit ich mich erinnere, weiß sie auch, wie der Picasso in unseren Besitz geraten ist.

Heroult steuerte die Petite Fleur auf das Ufer zu. Der weiße Sandstrand öffnete sich zu einer schmalen Fahrrinne, rechts und links eingezwängt von hoch aufragenden schroffen Felsen, die das gleißende Licht schluckten, als das Boot an ihnen vorbeiglitt. Das Surren eines Elektromotors war zu hören und wie von Geisterhand wurde das Großsegel gerefft. Die Petite Fleur verlor an Fahrt und dümpelte schließlich wie ein Korken auf dem blau leuchenden Wasser dem Ufer zu. Heroult stand am Bug des Schiffes und warf einen kleinen Metallanker über Bord. Das Schiff swoite herum, sodaß es mit dem Heck etwa zwanzig Meter vom weißen Sandstrand entfernt zur Ruhe kam. Heroult streifte seine Jeans ab und zog sein T-Shirt aus. Sein braungebrannter muskulöser Oberkörper glänzte in der Sonne, als er mit einem Hechtsprung ins Wasser sprang. Françoise stand auf und ging zum Heck des Schiffes, an dem ein Schlauchboot mit einem Außenbordmotor festgemacht war.

Helfen sie mir, Arnoult?

Aber ja doch.

In der Kajüte habe ich einen Picknickkorb und einen Sack mit Grillkohle bereitgestellt. Können sie mir den bringen? Ach ja, und im Kühlschrank sind die tiefgefrorenen Evian-Wasserfla-

schen, die nehmen wir statt Kühlakkus. Wenn sie aufgetaut sind, haben wir herrlich frisches Trinkwasser. Sie ließ sich behende wie eine Katze in das Schlauchboot gleiten.
Arnoult kletterte die kleine Stiege hinunter und fand einen prall gefüllten Korb samt der Grillkohle auf dem Tisch bereit gestellt. Nachdem auch seine Malutensilien und die Wasserflaschen an Bord verstaut waren, warf Françoise den Außenborder an und manövrierte das Schlauchboot zum Ufer der kleinen Bucht.
Heroult hatte inzwischen einige größere Steine zu einem Kreis angeordnet und trockene Pinienzweige gesammelt, die er anzündete, nachdem er sie in dem provisorischen Grill gestapelt hatte. Als das Feuer brannte, schüttete er Kohle in die Glut und legte ein mitgebrachtes Metallrost auf die Steine. Während drei gefüllte Doraden, die in Aluminiumfolie gewickelt waren, auf dem Grill garten, hatte sich Arnoult mit dem Skizzenblock auf den Knien in den Sand gesetzt und begonnen, die Petite Fleur zu zeichnen, wie sie vor der Bergkulisse auf den blauen Wellen schaukelte.
Kommen sie ins Wasser! Françoise lachte und winkte ihm zu.
Ich bin ein schlechter Schwimmer!
Das glaube ich nicht! Vermutlich hat ihre Frau ihnen verboten, mit mir zusammen zu baden, neckte sie ihn, wobei sie auf ihn zugeschwommen kam.
Sie wird sich bestimmt nicht im Grabe umdrehen, wenn ich hier mit ihnen planschen würde, erwiderte Arnoult eine Spur zu scharf.
Ohhh ... das wollte ich nicht ... Ich wußte gar nicht, daß ihre Frau tot ist, antwortete Françoise verwirrt, wobei sie aus dem Wasser stieg und sich neben ihm in den Sand fallen ließ.
Es ist angerichtet, hörten sie Heroult rufen, der die gegrillten Fische auf Tellern serviert und mit Zitronenscheiben garniert hatte.
Sie aßen schweigend.

Wissen sie was, Kommissar Arnoult? Sie werden die Typen schon schnappen, die meinen Picasso gestohlen und den armen Bertrand erschlagen haben. Und ich schwöre bei Gott, daß mein Halbbruder, dieser Erbschleicher, nur den Anteil erhält, der ihm nach dem Testament zusteht. Heroult leckte sich die fettriefenden Finger ab.

Elf

Aline Margoux warf den Hühnern eine Handvoll Körner zu. Mechanisch wischte sie ihre Hände an der Latzhose ab, bevor sie in die Brusttasche griff und ein Päckchen Gauloise herausfischte. Sie klopfte eine der filterlosen Zigaretten aus der Packung, zündete sie an und inhalierte tief, wobei sie mißmutig auf die zerzausten Hennen starrte, die in der staubigen Erde nach Futter scharrten. Es war erst zehn Uhr, aber das Thermometer, das sie neben das Küchenfenster gehängt hatte, zeigte schon wieder 33° an. Grund genug, sich eine Pause zu gönnen. Gebannt verfolgte sie, wie ein blauer Peugeot die Serpentinen den Berg hinauf kroch, wobei er eine Staubfahne hinter sich herzog. Ihr Haus, eine ehemalige Hütte ihres Urgroßvaters, eines Ziegenhirten, das um eine Etage aufgestockt worden war, schmiegte sich an einen Berghang. Dieser Jas, wie die hoch gelegenen Häuser in der Provence heißen, war zwei Generationen zuvor von vier Familien bewohnt worden, die sich je einen Maulbeerbaum für die Seidenraupenzucht, zwei Olivenbäume, eine kleine Schafherde und etwas Land zum Gemüseanbau teilten. Als die Margouxs die Hütte erbten, war das Gemäuer halb zerfallen und das Dach eingestürzt. Es hatte sie ihre letzten Ersparnisse gekostet, den Jas halbwegs bewohnbar zu machen. Eine zeitlang hatten sie sich mit der Produktion von Schafskäse über Wasser gehalten. Aber die Saison, in der ihnen die Hotels den frischen, würzigen Käse abkauften, dauerte nur drei Monate im Jahr, zu wenig zum Leben, zu viel zum Sterben. Jetzt arbeitete Albert wieder in seinem gelernten Beruf als Elektriker und hielt die Ziegen nur zum Nebenerwerb. Vielleicht hatte sich ein Koch aus einem der Nobelrestau-

rants von Nizza auf der Suche nach dem ultimativen Ziegenkäse mit seinem Wagen in die Einöde verirrt, dachte Aline spöttisch, während der Peugeot die Bergkuppe erreichte.
Als der Peugeot vor dem Haus stoppte, wirbelte eine Staubwolke auf. Inspektor Roubaix stieg aus und winkte Aline zu.
Sind sie Madame Margoux?
Sie nickte statt zu antworten.
Roubaix kam auf sie zu und zeigte ihr seinen Dienstausweis.
Ich muß ihnen leider ein paar Fragen stellen. In der Villa, in der ihr Mann gearbeitet hat, wurde eingebrochen. Dabei ist der Hausmeister erschlagen worden.
Und was hat Albert damit zu tun?
Wir wollen ausschließen, daß ihr Mann als Täter in Frage kommt. Wo war er gestern Nacht zwischen ein und drei Uhr morgens?
Das kann ich ihnen sagen, der hat tief und fest geschlummert.
Ich selbst bin erst so gegen Mitternacht von meiner Tante zurückgekommen und habe mich vielleicht eine Stunde später hingelegt, nachdem ich noch einen Schluck Wein getrunken hatte. Meiner Tante ging es gestern abend recht gut, sodaß ich ihr das zumuten konnte.
Und sonst?
Zwei-, dreimal die Woche übernachte ich bei ihr und passe auf sie auf. Sie ist bettlägerig und oft verwirrt. Ich teile mir die Arbeit mit ihrer Tochter, die aber auch schon alt und nicht mehr so richtig fit ist.
Wo finde ich ihren Mann?
Ich weiß es nicht, sagte Aline, aber falls er mit seinen Ziegen zur Weide gezogen ist, müssen sie immer den Weg rauf, wobei sie auf einen steinigen Trampelpfad deutete, der direkt hinter dem Hühnerstall begann und sich in einem Wald aus Korkeichen, Ginster und Kastanien verlor.
Nach etwa hundert Metern kommt eine Weggabelung, da gehen sie nach links, bis sie in ein kleines Tal kommen. Dort hütet er normalerweise seine Tiere.

Ach ja, da fällt mir noch etwas ein ... Wo hat er seine Arbeitsschuhe, die er auf der Baustelle anzieht? Die würde ich gerne mitnehmen um Fußabdrücke zu vergleichen.
Moment, ich hole sie ihnen. Aline warf die Zigarette zu Boden, trat die Glut aus, drehte sich um und verschwand im Haus. Währenddessen betrachtete Roubaix interessiert den weißen Renault Rapid, an dessen Seitenwänden der Name »Margoux, électricien« mit roter Farbe aufgemalt war. Mehrere Zeugen, die er nach den Einbrüchen in den Häusern von Cassis und Umgebung befragt hatte, erwähnten einen weißen Renault Rapid mit roter Aufschrift, den sie in der Nähe der Villen gesichtet hatten. War das Zufall?
Niemand, der noch ganz bei Trost war, würde einen solch auffälligen Wagen benutzen, wenn man nachts in Häuser einsteigt. Das Motorrad, eine 250 KTM Enduro, das neben dem Rapid aufgebockt stand, wäre sicherlich eher dafür geeignet, überlegte Roubaix.
Ich habe ihnen die Schuhe hier in diese Plastiktüte getan. Ich hoffe, es ist recht so.
Oh ja, vielen Dank, nickte Roubaix, nahm den Beutel mit dem Monoprix-Aufdruck, einem Billigkaufhaus aus einer der Einkaufsstraßen in Marseille, das von der Haarbürste bis zum Staubsauger alles anbot.
Tja, dann will ich mal, murmelte er, drehte sich um, ging ein paar Schritte, bis er den Abhang erreicht hatte und begann dann bedächtig den Berg hinauf zu klettern.
Es war angenehm kühl in der Steinhütte, die oberhalb einer kleinen Quelle versteckt unter meterhohen Kastanien in einer Senke stand. Margoux bückte sich und wischte mit beiden Händen die Erde weg, die er vorsorglich über sein Versteck geschichtet hatte. Als er die zwei lockeren Holzbohlen freigelegt hatte, zerrte er sie hoch und legte sie neben sich auf den Boden. Dann bückte er sich hinunter und tastete nach der Leiter. Als er die oberste Sprosse spürte, dreht er sich um und ließ sich vorsichtig in das schwarze Loch gleiten. Er kletterte

die Stufen zum Keller hinunter, ging in die Hocke und suchte mit ausgestreckten Händen nach dem kleinen Metallkasten, den er hier unten deponiert hatte. Erleichtert atmete er auf, als er das kühle Metall an seinen Fingern spürte. Er öffnete den Deckel und ließ den Packen mit dem Bargeld durch Daumen und Zeigefinger gleiten. Das Armband der Rolex schimmerte matt im Zwielicht des Kellerlochs. Endlich hatte er sich satt gesehen. Er ließ die Rolex in seine Hosentasche gleiten, schloß den Deckel und stellte den Kasten zurück in die Maueröffnung.
Er kletterte die Stufen hinauf, legte die Bohlen wieder an ihren Platz und fegte etwas Erde darüber. Dann stand er auf, klopfte die Erdkrumen von seiner Jeans, ging zu dem Eingang der Hütte und lugte vorsichtig hinaus. Etwa zwanzig Meter entfernt entdeckte er einen Mann in seinem Alter, der ein Leinensakko trug und die Sonnenbrille in das schwarze, zurückgekämmte Haar gesteckt hatte.
Margoux, wo sind sie? rief der Mann, wobei er seine Hände wie einen Trichter formte und vor den Mund hielt.
Hier bin ich, was wollen sie? Margoux trat aus der Hütte in das helle Sonnenlicht und betrachtete die Ziegen, die friedlich an der Uferböschung des Baches grasten, der sich murmelnd und plätschernd seinen Weg ins Tal suchte.
Ich bin Inspektor Roubaix und ermittle in dem Mordfall Bertrand. Erinnern sie sich? Das war der Hausmeister der Villa St. Fleurie, in der sie die Alarmanlage installiert haben.
Stimmt, aber was habe ich mit dem Mord zu tun? Margoux zog erstaunt die Augenbrauen hoch.
Wir gehen davon aus, daß die Täter die Örtlichkeiten kannten. Insofern gehören auch sie zum Kreis der Verdächtigen, grinste Roubaix. Wo bewahren sie die Schlüssel für den Sicherungskasten auf, den sie in der Villa montiert haben? Er zog eine Packung Gauloise aus der Tasche seine Jackets, fischte eine Zigarette daraus hervor und steckte den Glimmstengel mit seinem Bic-Feuerzeug an.

Da kommt keiner ran, den trag ich an meinem Schlüsselbund. Margoux klopfte dabei auf die Tasche seiner verschlissenen Jeansjacke, die er über einem ausgeblichenen T-Shirt trug.

Zwölf

Lannier lag auf dem Sofa, den eingegipsten Fuß auf der Lehne abgestützt, zog an seinem Joint, der die Wirkung der drei Xanax, die er eingeschmissen hatte, wieder aufhob und starrte gebannt auf den Bildschirm eines Sony-Fernsehers, den er bei seinem letzten Einbruch in eine verlassene Wohnung in der Rue Garibaldi hatte mitgehen lassen.

I gonna step in the name of love ..., perlte es aus den Lautsprechern, wobei R. Kelly coole Bewegungen machte. Ein Schwarzer im weißen Leinenanzug, Brilli im Ohr, die Augen mit einer Sonnenbrille verdeckt, hatte er eine Schwarze mit tollen Brüsten im Arm, mit der er laszive Tanzschritte andeutete. Lannier war so gut wie weggetreten. Das Gespräch mit Margoux hatte ihm den Rest gegeben. Die gesamte Kohle aus den letzten drei Einbrüchen war längst ausgegeben, von seinem Lohn ganz zu schweigen. Und jetzt das! In seinem marihuanavernebelten Hirn tauchten die Bilder des schlafenden Mannes auf, dem er die Rolex geklaut hatte. Dessen Schnarchen tönte in seinem Schädel wie Donnerhall. Die Frau, die neben ihm lag, mußte ein komplettes Röhrchen Schlaftabletten zu sich genommen haben. Sie rührte sich noch nicht einmal, als er ihr den mit Diamanten besetzten Ehering vom Finger zog. Lannier verzog sein Gesicht zu einem Grinsen, als er daran dachte, wie er die prall gefüllte Schmuckschatulle zuerst entdeckt und geleert hatte, bevor Margoux überhaupt auf die Idee kam, in den Schubladen der Schlafzimmerkommode zu kramen. Das Bargeld, das unter einem Kassenbuch auf dem Sekretär im Wohnzimmer lag, hatten sie sich geteilt, aber die Hälfte der Knete aus dem Deal mit dem Tafelsilber, das sie in der Anrichte des Esszimmers gefunden hatten, fehlte ihm immer noch. Dann hatte er den Tresor bemerkt, ein altmodischer Kasten aus Gußeisen. Vielleicht sollte er noch einmal dorthin gehen und sich das Ding vornehmen? Seine Kehle brannte von dem ätzenden Rauch des marokkanischen Shits und er beschloß, sich eine Flasche Bier aus dem Kühlschrank zu holen, als er das Klopfen an seiner Wohnungstür hörte. Scheiße, wenn das Rosaline war, die ihre Alimente abholen wollte, würde sie wieder schimpfen, wenn sie das Haschisch roch. Lannier öffnete das Fenster und bewegte sich wie in Zeitlupe auf die Toilette, warf den Stummel hinein und zog die Spülung. Erneut hörte er das Klopfen.

Ja, ja, keep cool, ich komm' ja schon, rief er laut und steuerte auf die Tür zu.

Machen Sie auf, Lannier, ich weiß, das sie da sind, kam es zurück.

Wer konnte das sein, diese Stimme hatte er noch nie gehört! Mann, Scheiße, wenn das die Bullen sind ... Lannier stoppte entsetzt, und wie aus einem Impuls heraus, drehte er sich um und tastete sich den Flur in Richtung Kellertreppe entlang. Und wenn sie wirklich wußten, daß er da war?

Okay Mann, halt dich senkrecht, kicherte Lannier, stoppte erneut, kehrte um und segelte mit einem seligen Lächeln auf die Tür zu und öffnete sie mit einem Ruck.

Lannier, wo hast du so lange gesteckt? grinste ein Uniformierter, trat ein und packte ihn mit einem Würgegriff.

Mein Gott, hier stinkt es ja wie in einem marokkanischen Puff! Du weißt, daß Haschisch rauchen in unserem Staat verboten ist?

Lassen sie mich sofort los! Sind sie verrückt geworden? Wer sind sie überhaupt? stammelte Lannier verwirrt.

Sergeant Verlaine. Ich untersuche den Mord an Monsieur Bertrand, einem Hausmeister der Villa St. Fleurie, in der du zusammen mit deinem Kumpel die Elektrik für die Alarmanlage installiert hast. Wo warst du gestern nacht zwischen ein Uhr und drei Uhr morgens?

Was ist, wollen sie mir einen Mord anhängen?

Nicht, mein Freund, wenn du mir in aller Ruhe erzählst, was da passiert ist ... Oder soll ich dich wegen Verstoßes gegen das Betäubungsmittelgesetz verhaften und mit auf die Präfektur nehmen?
Schon gut, schon gut, ich mach' ja schon. Lannier humpelte betont langsam mit seinem Gipsfuß zurück in sein Wohnzimmer, wo er sich mit einem Stöhnen auf die Couch fallen ließ. Haben sie gesehen, Verlaine, daß ich kaum laufen kann? Ich bin Mittwochnachmittag auf unserer Baustelle in einen Nagel getreten. Das Ding ist durch den ganzen Fuß durch und oben wieder raus. Ich bin vierzehn Tage krank geschrieben. Wann, sagten Sie, soll ich wo gewesen sein?
Stell dich nicht dämlicher an als du bist! In der Nacht von Mittwoch auf Donnerstag zwischen zwölf und drei Uhr morgens!
Tja Chef, das sagte ich doch bereits, nachmittags bin ich in den Nagel getreten und nachts habe ich in meinem Bettchen gelegen und den Gipsfuß gepflegt. Der tat nämlich höllisch weh ... und ich glaube nicht, daß ich in der Lage gewesen wäre, diesen ... wie hieß er doch gleich?
Bertrand.
Also diesen Hausmeister umzubringen, kapiert? Lannier triumphierte.
Das werden wir prüfen, Lannier. Was ich brauche, sind deine Arbeitsschuhe, die du auf der Baustelle in der Villa St. Fleurie getragen hast.
Was soll das denn nun schon wieder?
Das geht dich nichts an, das ist Sicherstellung von Beweismitteln. Also los, wo sind deine Latschen?
Lannier stand auf, humpelte in den Flur, bückte sich mit einem gequälten Seufzen und hob ein paar schmutzverschmierte Nike-Turnschuhe hoch, die er Verlaine wortlos reichte.
Wir hören noch voneinander, Freundchen. Und immer daran denken, Verlaine riecht und hört alles! Der Sergeant schnaubte verächtlich, während Lannier die Tür vor seiner Nase zuschlug.

Dreizehn

Arnoult fröstelte. Er stand neben Roubaix im Keller der Villa St. Fleurie und betrachtete kopfschüttelnd den Bauschutt, der sich in dem kalten feuchten Gang des ehemaligen Weinkellers angesammelt hatte. Eine knöchelhohe Schicht aus Sand, abgeschlagenem Putz und feuchtem Gips bedeckte den Boden. Arnoult machte sich ernsthafte Sorgen um seine italienischen Lederslipper, die er vor wenigen Tagen in einem exquisiten Schuhladen auf der Rue Baptiste in Marseille für 300 Euro erstanden hatte. Seine Narbe begann zu zucken, als er daran dachte, daß er mit seinen Ermittlungen noch keinen Schritt weiter gekommen war.

Gustave Renier, Chef der Spurensicherung im Department Var, ein großer schlanker Mann mit straff nach hinten gekämmten Haaren und einer Hornbrille, die die Hälfte seines Gesichts bedeckte, deutete auf den geöffneten Riegel des Kellerfensters.

Der ist von innen aufgehakt worden. Margoux, der Elektriker ist noch einmal verhört worden. Er kann sich dunkel daran erinnern, daß er das Fenster geöffnet hat, um mehr Luft zum Arbeiten zu haben. Sein Geselle René Lannier ist für die Steinarbeiten zuständig. Er hat die Schlitze gestemmt und die Kabel bis in die Galerie gelegt. Die Fußspuren der beiden findet man bis in den ersten Stock. Wir haben das Profil der Sohlen der Schuhe mit den Fußabdrücken verglichen. Ein drittes Paar bleibt übrig. Unser Mann, Schuhgröße 43, etwa 65 bis 70 kg schwer, ist hereingestiegen und hat sich auf den Boden fallen lassen. Er trug Handschuhe, es wurden keine Fingerabdrücke gefunden. Dann hat er den Sicherungskasten mit dem Stemmeisen geöffnet, das Lannier für seine Arbeiten benutzt hat und den Hauptschalter

umgelegt. Monsieur X hat eine Taschenlampe eingeschaltet und ist hier entlang gegangen. Wenn sie mir bitte folgen wollen, meine Herren. Ach übrigens, an dem Stemmeisen, das unter dem Sicherungskasten lag, sind nur Lanniers Fingerabdrücke.
Roubaix blickte Arnoult triumphierend an.
Sagte ich doch, das war ein Profi, der die Gegend Wochen vorher ausgekundschaftet hat.
Arnoult sagte nichts, seine Narbe pochte wie wild. Er stapfte hinter Renier her die Kellertreppe hinauf und folgte den beiden in die Eingangshalle. Die Karawane wanderte in den ersten Stock und hielt vor der Tür der Galerie.
Das Schloß ist elektronisch gesichert. Sehen sie diese Tastatur dort an der Wand? Renier deutete auf einen kleinen Kasten neben der Tür. Man gibt eine Zahlenkombination ein und die Tür springt auf. Weil aber der Strom abgeschaltet war, brauchte unser Mann nur den Drehknopf zu betätigen und die Tür zu öffnen.
Wie von Geisterhand flammte das Licht auf und tauchte den Raum, der ohne den Picasso seltsam leer wirkte, in ein gespenstisches Licht. Die Jalousien waren geschlossen und Arnoult fröstelte erneut, als er hineinging.
Warum sind sie sich so sicher, daß es nur einer war? fragte Roubaix.
Dieselben Fußabdrücke, die wir im Keller und im Flur gefunden haben, sind auch hier in der Galerie vorhanden. Der Mann war nicht besonders stark, denn der Hieb, den er Bertrand versetzt hat, war nicht tödlich. Bertrand hat sich das Genick gebrochen, als er die Treppe hinuntergestürzt ist.
Das heißt, Bertrand hat den Mann erwischt, als der gerade aus der Galerie trat. Er wollte ihn vermutlich zur Rede stellen und dann hat der Kerl zugeschlagen. Den Wortwechsel muß auch seine Frau gehört haben, sinnierte Roubaix und suchte in der Brusttasche des Jacketts nach seinen Zigaretten. Nachdem er fündig geworden war, steckte er sich eine an und inhalierte tief.

Ja, so kann es gewesen sein, erwiderte Renier, es besteht auch die Möglichkeit, daß der Mörder bereits unten im Flur war und gerade in den Keller laufen wollte, als ihn der Strahl der Taschenlampe Bertrands erfaßt hat. Er muß dann wieder hoch gerannt sein und dann Bertrand niedergeschlagen haben. Soweit ich weiß, war die Tatwaffe ein Schürhaken, den man neben der Leiche gefunden hat. Wie ist der Mörder denn dorthin gelangt? Arnoult war irritiert.
Vielleicht hat er im Erdgeschoß seine Diebestour begonnen. Als er Bertrand hörte, hat er sich den Schürhaken geschnappt, ist nach oben gerannt und hat ihn erschlagen. Wir haben Blut und Gewebefetzen auf dem Eisen gefunden, aber keinen Fingerabdruck, erwiderte Renier nachdenklich.
Aber warum läuft er nicht schnell in den Keller und verschwindet? Der alte Mann kann doch soviel nicht von ihm gesehen haben? Roubaix nahm einen tiefen Zug seiner Zigarette.
Er hat ja noch nichts Wertvolles gefunden. Also ist er in die Galerie gelaufen, hat den Picasso und die Besteckschatulle gestohlen und ist dann wieder hinuntergelaufen, schlug Renier vor.
Aber das kann doch gar nicht sein. Madame Bertrand hätte ihn ja dann sehen müssen. Außerdem muß der Kerl ganz schön kaltblütig sein, wenn er nach dem Mord noch seinen Einbruch fortsetzt, sagte Arnoult und schüttelte den Kopf. Da fällt mir ein, paßt der Picasso durch das Kellerfenster?
Nein, das Gemälde ist zu groß. Er muß also durch die Haustür raus, antwortete Renier.
Ist die denn nachts nicht abgeschlossen?
Das habe ich überprüft, antwortete Roubaix, die war offen, Bertrand hatte keinen Schlüssel mehr bei sich. Seine Frau hat ausgesagt, ihr Mann hätte den Schlüssel mitgenommen, als er nach unten ging um nachzusehen, woher die Geräusche kommen. Der Mörder muß also den Schlüssel an sich genommen haben, nachdem Bertrand am Boden lag und dann getürmt sein.

Der alte Bertrand hat also das Gesicht des Mannes gesehen. Sonst wäre der Mann nicht auf die Idee gekommen ihn umzubringen. Auch in der ersten Variante gilt, daß der Mann sicher gehen wollte, daß Bertrand nicht als Zeuge aussagen konnte. Kannte Bertrand vielleicht sogar seinen Mörder? warf Arnoult ein.

Nicht unbedingt, wenn der Kerl Panik bekommen hat und er sich ertappt fühlte, könnte er durchaus aus schierer Verzweiflung zugeschlagen haben, erwiderte Renier und fuhr fort: Nachdem er den Picasso von der Wand genommen hat, wollte er noch etwas stehlen, da er sozusagen noch einen Arm frei hatte. Er hat also eine Schublade aufgerissen und dabei die Schatulle mit dem Silberbesteck entdeckt. Er hat sich die Sachen geschnappt und ist dann aus der Galerie gestürmt. Und dann gilt das, was wir bereits diskutiert haben.

Dann muß er den Schürhaken aber aus dem Wohnzimmer mitgebracht haben, dachte Arnoult laut. Das Ganze kam ihm höchst merkwürdig vor. Er hat das Stemmeisen benutzt, um den Sicherungskasten zu knacken und hat es dann im Keller liegen gelassen, dann ist er hier hoch geschlichen und überrascht worden. Da er keine Waffe hatte, ist ihm der Schürhaken eingefallen ..., tja, so kann es gewesen sein, murmelte Arnoult leise.

Lassen sie uns noch einmal zu Madame Bertrand gehen, vielleicht kann sie sich ja doch noch an etwas erinnern, schlug Roubaix vor.

Sind sie sicher, daß es ein Mann war? wollte Arnoult wissen, bevor sie an der Wohnungstür der Bertrands klopften.

Zu 90%. Schuhgröße 43 ist bei Frauen eher ungewöhnlich ... und dann das Gewicht ..., erklärte Renier.

Vielleicht eine Bodybuilderin, die viel Kraftsport macht. Arnoult grinste.

Madame Bertrand öffnete ihnen die Tür. Ihr Gesicht war aschfahl, sie trug Schwarz und hatte ihr Haar zu einem festen Knoten zusammengebunden.

Was wollen sie?
Dürfen wir hereinkommen? erwiderte Arnoult stattdessen.
Bitte, wenn es sein muß ...
Die drei Männer traten ein. Renier hielt sich im Hintergrund. Er hatte die Hände in den Taschen, blickte nach unten und betrachtete scheinbar interessiert den Teppichboden unter seinen Füßen.
In der Nacht, als ihr Mann erschlagen wurde ... ich meine ..., begann Roubaix und brach ab, als er merkte, daß er nicht weiter wußte.
Was mein Kollege meint ..., sagte Arnoult vorsichtig.
Schon gut, reden sie ruhig offen mit mir.
Haben sie irgendwelche Stimmen gehört, nachdem ihr Mann aufgestanden und auf den Flur gegangen ist?
Nein, ich glaube, mein Mann war schon viel eher wach als ich. Nichts habe ich gehört, antwortete Madame Bertrand und schüttelte den Kopf.
Also, nachdem sie aufgestanden sind und sie beschlossen haben, nach ihrem Mann zu sehen ... ist ihnen da irgendwas aufgefallen. Ein Motorengeräusch vielleicht? begann Roubaix erneut.
Warten sie mal ... wenn ich mich recht erinnere ... ja, da war was ... ich bin zum Fenster gegangen ... kommen sie mal mit.
Madame Bertrand steuerte auf das Schlafzimmer zu. Sie öffnete die Tür, trat an das Fenster und deutete hinaus.
Da unten ist jemand weggefahren, ich habe die Rücklichter eines Autos gesehen. Die Farbe war weiß, oder jedenfalls sehr hell.
Warum haben sie uns das nicht schon beim ersten Mal erzählt? Roubaix zog erstaunt die Augenbrauen hoch.
Ich weiß nicht ... ich war zu verwirrt, es ging alles so schnell ... und dann dieser Schock.
Ach ja, stimmt das, daß die Haustür abgeschlossen war und ihr Mann den Schlüssel mit nach unten genommen hat? Arnoult verfolgte eine andere Spur.

Ja, mein Mann machte jeden Abend die Runde, bevor er ins Bett ging und überprüfte noch einmal, ob alles abgeschlossen war. Dann hat er den Schlüssel in den dafür vorgesehenen Kasten gehängt, bevor er einschlief. Als er in der Mordnacht aufgestanden ist, hat er den Schlüssel und die Taschenlampe genommen und ist nach unten gegangen ... aber das habe ich ihnen doch schon etliche Male erzählt, sagte Madame mit leiser Stimme, der die Erschöpfung anzuhören war.
Wieso hat er dann das offene Kellerfenster nicht bemerkt? Arnoult spürte, daß da was nicht stimmte.
Madame Bertrand zuckte mit den Achseln.
Wir sehen uns noch, verabschiedete sich Arnoult und ließ die beiden Männer stehen. Er ging die Treppe hinunter, durcheilte die Eingangshalle und trat ins Freie. Er wandte sich nach links und suchte den Swimmingpool, den er aus dem Fenster, das in Richtung der Weinfelder zeigte, gesehen hatte. Vor allen Dingen interessierte ihn die Frau, die sich in ihrem Bikini auf einem Liegestuhl sonnte und in deren Gesicht ein gewaltiges Veilchen prangte.
Eine verdorrte Ligusterhecke umzäunte den Pool und schützte vor den Blicken unliebsamer Beobachter. Arnoult zwängte sich durch die Büsche und trat auf Françoise Clavine zu, die an einem Gin Tonic nippte und hastig eine Sonnenbrille aufsetzte, die neben der Liege gelegen hatte, als sie Arnoult auf sich zukommen sah.
Sagen sie, wer hat ihnen denn das Ding da verpasst?
Françoise Clavine schreckte hoch.
Wie bitte? ... Ach, Arnoult, sie sind's! Was machen sie denn hier?
Tja, das hat meine Frau auch immer gefragt, wenn ich nach getaner Arbeit in die Küche geschlichen kam.
Françoise Clavine versuchte zu lächeln, was ihr gründlich mißlang. Statt dessen verzog sie schmerzverzerrt ihr immer noch hübsches Gesicht. Arnoult trat auf sie zu und beugte

sich herab. Seine Hand schnellte vor und riß ihr die Sonnenbrille von der Nase. Ein Veilchen von der Größe einer Faust bedeckte ihr rechtes Auge und die Hälfte ihrer Wange.
Arnoult, was fällt ihnen ein?
Na, wer war das?
Tja, das war so, ich bin heute Morgen im Bad ausgerutscht und auf den Wannenrand gestürzt.
Das glauben sie doch selber nicht. Wenn es ihnen wieder einfällt, wer sie so zugerichtet hat, melden sie sich bei mir. Ich habe ein Zimmer im Quattre Poisson. Rufen sie mich an, wann immer sie wollen.
Arnoult wandte sich ab und verschwand auf dem gleichen Weg, wie er gekommen war. Was er jetzt brauchte, war eine Dusche und einen trockenen Platz für seine mit Dreck verschmutzten Schuhe.
Ein Alfa Twin Spark brauste heran, bremste hart und kam nur wenige Zentimeter hinter der Stoßstange des ID 19 zum Stehen. Heroult stieg aus und knallte die Fahrertür zu. Seine Augen funkelten wütend, als er Arnoult entdeckte.
Gut, daß ich sie sehe! Haben sie ein paar Minuten Zeit?
Wenn es sich nicht verhindern läßt, entgegnete Arnoult.
Kommen sie, gehen wir in mein Büro.
Heroult eilte voran, öffnete die Tür und steuerte auf die Flaschenbatterie zu, die auf einer antiken Anrichte stand.
Wollen sie auch einen?
Nein danke, winkte Arnoult ab.
Heroult goß sich einen doppelten Cognac ein und nahm einen großen Schluck.
Wissen sie, was mir der Typ von der Versicherungsgesellschaft erzählt hat?
Nein, aber sie werden es mir sicherlich gleich verraten.
Dieser Scheißkerl hat die Frechheit zu behaupten, der Picasso sei gefälscht und für die Auszahlung von 1,5 Millionen Euro fehle deshalb jede Grundlage!
Und, ist er echt?

Arnoult, machen sie Witze? Wir haben vor etwa einem Jahr, von Michel Grainor, einem international anerkannten Picassoexperten eine Expertise anfertigen lassen. Der Mann ist Professor für Kubismus an der Université de Provence in Aix. Dies und die Tatsache, das wir diese neue Sicherungsanlage haben einbauen lassen, waren die Bedingungen für den Vertrag mit der Versicherungsgesellschaft!
Warum erzählen sie mir das?
Herr Gott, Arnoult, beschaffen sie den Picasso wieder ... und zwar möglichst schnell.
Vielleicht wissen sie ja selber, wo er ist.
Wie bitte? Wie kommen sie denn da drauf?
Und was ist, wenn sie zweimal abkassieren wollen? Einmal die Versicherungssumme und zum anderen den Erlös des Picassos auf dem internationalen Schwarzmarkt. So bliebe ihnen genug Geld, um ihren Halbbruder auszuzahlen und ihren Film zu finanzieren.
Sagen sie mal Arnoult, sind sie jetzt total übergeschnappt? Ich werde mich über sie beschweren. Ich habe läuten hören, daß sie vor einiger Zeit in psychatrischer Behandlung waren. Das wird ihren Vorgesetzten sicherlich interessieren, was sie hier für ungeheuerliche Behauptungen aufstellen.
Heroult schüttelte den Kopf und ging zum Telefon.
Warten sie, Heroult, bevor sie zum Hörer greifen, ich bin noch nicht fertig. In der Mordnacht, als sie diese kleine Party feierten, in der sie sich gegenseitig ein Alibi verschafft haben, ist einer von ihnen in die Villa gefahren, hat den Sicherungskasten mit Lanniers Stemmeisen aufgebrochen, damit es wie ein Einbruch aussieht, hat den Picasso von der Wand genommen und sich außerdem diese Besteckschatulle unter den Arm geklemmt, um der Polizei vorzuspielen, daß er es nicht nur auf den Picasso abgesehen hatte. Leider kam ihnen dann Monsieur Bertrand in die Quere.

Ach, Arnoult, sie erzählen Märchen, die ihnen keiner abnimmt. Vergessen sie nicht, schließlich gehört mir der Picasso, entgegnete Heroult mit einem eiskalten Lächeln.
Das, Monsieur Heroult, ist ein Rätsel, das es zu lösen gilt. Wenn sie mich jetzt bitte entschuldigen wollen.

Vierzehn

Chère Celine,
erst jetzt komme ich dazu, dir aus meinem Exil zu schreiben. Da du meine beste Freundin bist, hast du ein Recht zu erfahren, wie es mir seit der Flucht aus Paris ergangen ist. Mit diesem Brief schicke ich Dir deshalb die Seiten aus meinem Tagebuch, die ich bisher niemandem gezeigt habe.

6. Juli 1940
Verängstigt hielt ich das Paket, ein flaches Rechteck, etwa 1 qm groß, das in braunes Packpapier gehüllt und mit Schnur umwickelt war, fest umklammert. Ich starrte aus dem verschmierten Fenster des Zugabteils auf den Bahnsteig des Gare de la Reuilly und betete inständig, daß sich der Zug so schnell wie möglich in Bewegung setzen möge. Ein deutscher Offizier mit schwarz glänzenden Lederstiefeln, einer roten Armbinde der SS und einem martialischen Gesichtsausdruck war zwei Waggons vor dem Abteil, in dem ich mich befand, in den Zug gestiegen und würde dort sicherlich die Papiere der Reisenden kontrollieren. Ich hatte kein Visum de sortir, das mir gestattete Paris zu verlassen. Das Einzige, was ich besaß, war das dünne Sommerkleid, das ich am Leib trug, einen kleinen Bastkoffer, der meine wenigen Habseligkeiten enthielt und dieses Paket, das meine Lebensversicherung darstellte, an das ich mich klammerte wie ein Schiffbrüchiger auf offener See an eine glitschige Planke. Wie schön wäre es, wenn ich hexen könnte und einfach so verschwände, dachte ich wehmütig, hielt den Atem an und horchte auf mein rasendes Herz.
Gestern Morgen hatte die SS an die Tür meines kleinen Zimmers in der dritten Etage eines Mietshauses in der Rue

Collard geklopft, das direkt gegenüber des Jardin du Luxemburg lag und das ich mit meiner Freundin Celine Esterell teilte. Voller Angst war ich unter mein Bett gekrochen und hatte in mein Taschentuch gebissen, um nicht laut loszuschluchzen.

Wo ist diese Judenschlampe? hörte ich einen der Kerle in gebrochenem Französisch brüllen. Sofort krampfte sich mein Magen zusammen. Es fühlte sich an, als würde ein Drachen darin wüten. Meine Blase leerte sich und der heiße Urin lief meine Schenkel hinab.

Sie ist nach Marseille gereist, erwiderte Celine kühl.

Das kann jeder sagen, höhnte einer der Männer und ich hörte, wie sie die Tür aufstießen. Das Poltern der Knobelbecher tönte wie Donnerhall auf dem Parkett und war so laut, daß es selbst das Rauschen des Blutes in meinen Ohren übertraf.

Bitte, bitte, lieber Gott, verschone mich, schickte ich ein Stoßgebet zum Himmel, als ich spürte, wie die Schritte immer näher kamen.

Dann hörte ich, wie einer der Männer im scharfen Kommandoton etwas sagte, was ich nicht verstand. Sekunden später war der Spuk vorbei und ich atmete erleichtert auf, als die Tür hinter ihnen ins Schloß fiel.

Ich wußte, wenn die Nazis mich erwischt hätten, würde ich jetzt wie eine der anderen jüdischen Frauen, die ich gesehen hatte, mit kahl geschorenem Kopf, gedemütigt und voller Angst, auf meinen Abtransport warten.

Betont ruhig und gelassen stand ich auf, ergriff meinen Bastkoffer, der über mir in einem Gepäcknetz lag und drückte das Paket fest unter den Arm. Ich zwang mich ruhig zu atmen und nicht loszurennen. Wie in Trance taumelte ich auf den Gang des Waggons und folgte dem Schild, das zur Toilette wies. Plötzlich spürte ich, wie sich der Zug mit Ächzen und Stöhnen in Bewegung setzte. Ich drehte mich um und blickte ängstlich auf die Szenerie, die sich auf dem Bahnsteig abspielte. Der SS Mann hielt eine ältere Dame am Ärmel ihres

Sommermantels fest. Sie gestikulierte verzweifelt. Bevor mir die Sinne schwanden, öffnete ich die Tür zu einem Abteil und ließ mich auf das Polster des Sitzes fallen.
Am Morgen des 5. Juni 1940, dem Beginn der Schlacht um Frankreich, saß ich noch in der ersten Reihe des Hörsaals 21, in der Ecole des Beaux–Arts am Quai Malaquais, wenige Steinwürfe vom Montmartre entfernt, und lauschte andächtig dem Vortrag von Professor Thalard, der eine Vorlesung über die Stilmittel der Moderne hielt. Ich ahnte nicht, daß mein sicheres und angenehmes Exil in Paris durch den Einmarsch der Deutschen in Frankreich ein jähes Ende haben sollte. Niemand in Paris konnte sich vorstellen, daß diese gräßlichen Deutschen die »Grande Nation« erneut in die Knie zwingen würden. Am Abend zuvor hatte ich im »Figaro« gelesen, daß die 49. Division der französischen Streitmacht eine Verteidigungslinie gebildet hatte, um mit dem Einsatz aller Kräfte ein Heer der deutschen Armee aufzuhalten. Wenige Tage zuvor war ein anderer Teil der Deutschen südöstlich nach Frankreich eingedrungen und hatte die Seine überquert. Paris war in die Zange geraten. Das ferne Geschützgrollen und die Einschläge der Mörsergranaten hatten wir mit Sorge gehört und auf ein Wunder gehofft.
Am Morgen des 14. Juni 1940 fiel Paris den Nazis kampflos in die Hände. Als ich, hinter einer Gardine versteckt, aus dem Fenster sah, beobachtete ich Menschen, die den deutschen Panzern zuwinkten, welche mit klirrenden Ketten durch die Straßen rollten. Ich schäme mich für diese Feiglinge. Acht Tage später erfuhr Celine vom Metzger Batignole, daß Marshall Petain für Frankreich ein Waffenstillstandsabkommen unterschrieben hat, das die Niederlage endgültig besiegelt. Die Patrioten der geschlagenen Nation sind wie gelähmt. Niemand hat ernsthaft mit einem solchen Ausgang der Kampfhandlungen gerechnet. Der Nachrichtensprecher von Radio Liberté kämpfte hörbar mit den Tränen, als er mit immer wieder versagender Stimme berichtete, wie Frank-

reich gedemütigt werden soll. Die Nazis verlangen die Auslieferung der Flotte an Deutschland, die Abtretung des Gebietes nördlich und östlich einer Linie von Genf über Dole und Tours bis Mont de Marsan an der spanischen Grenze und die Reduzierung der französischen Reststreitkräfte auf lächerliche hunderttausend Mann, die sich so gut wie entwaffnet im Südwesten des Landes aufzuhalten haben und die nun unter dem Kommando der verachtenswerten französischen Exilregierung stehen, deren Marionetten in Vichy residieren. Der Mann ahnte bereits, was auf ihn zukommen würde. Auch ich habe Angst, denn ich weiß, sobald die deutschen Truppen Paris vollständig besetzt haben, beginnt die systematische Hetzjagd auf uns Juden, die ohne Ausnahme, wie Vieh, gemeinsam mit französischen Kommunisten und deutschen, nach Frankreich geflohenen Oppositionellen, in Konzentrationslager verfrachtet werden. Leider gibt es auch in der französischen Regierung und unter der Bevölkerung Kollaborateure, die es nicht ungern sehen, daß wir Juden verfolgt werden. Ich habe mehr als genug davon gehört. Die Eltern meiner jüdischen Kommilitonin Judith aus Deutschland sind in das Lager Bergen-Belsen verschleppt worden. Die Familie Judiths besaß ein gut gehendes Fischgeschäft in Düsseldorf. Ein Nachbar hat sie denunziert. Wenige Tage, nachdem die armen Menschen verschleppt worden waren, stand der Nachbar hohnlächelnd hinter dem Tresen und tat so, als sei er immer schon der rechtmäßige Besitzer dieses Ladens gewesen. Seit dem 22. Juni lebte Judith auch in Paris, in ständiger Angst, ebenfalls aufgegriffen und verhaftet zu werden. Zwei Tage, nachdem sie mir das erzählt hat, wurde sie selbst erwischt. Sie hatte sich in einem Weinkeller versteckt. Nur nachts traute sie sich aus ihrem Kellerloch. Dabei muß sie irgendwann einmal jemand gesehen haben. Am nächsten Morgen zerrte die Gestapo Judith aus ihrem Versteck. Danach verlor sich jede Spur von ihr ...

7. Juli 1940
Vergangene Nacht hat sich ein Sturzkampfbomber wie ein Falke aus dem tintigen Schwarz des Himmels gestürzt und seine tödliche Last nur wenige Meter neben die Gleise fallen lassen. Der Pilot des Jagdbombers hat unseren Zug, der durch die Dunkelheit Richtung Marseille raste, nur um Haaresbreite verfehlt. Von dem heulenden Lärm, den die Maschine bei ihren Sturzflug machte, war ich aus meinem unruhigen Schlaf erwacht und hatte angsterfüllt in den nachtschwarzen Himmel gestarrt, wobei ich die Silhouette des Bombers entdeckte, die sich vor der Sichel des Mondes abzeichnete. Ich blickte mich um und versuchte mich zu orientieren. Schräg mir gegenüber saß ein älteres Ehepaar, das seine Habseligkeiten, einen verschrammten Lederkoffer und eine Reisetasche ohne Bügel, auf dem Schoß hielt und ängstlich auf das Tackern der Waggonräder lauschte. Solange der Zug in Bewegung war, konnte sie niemand aus dem Waggon zerren.
Wo sind wir? stammelte ich müde.
Etwa hundertfünfzig Kilometer nordöstlich von Marseille, mein Kind, erwiderte der Mann leise.
Möchten Sie etwas essen? Sie sehen verhungert aus, fügte die Frau lächelnd an.
Nein danke, ich habe vor lauter Angst keinen Hunger ... bemühen sie sich nicht. Ich schüttelte den Kopf.
Die restliche Fahrt schwiegen wir. Erst als der Zug in Marseille einfuhr, die Bremsen quietschten und der Waggon mit einem Ruck stehen blieb, murmelte der alte Mann: Viel Glück, mein Kind.
Die Beiden standen auf, er nahm den Lederkoffer mit festem Griff in die Hand, sie klemmte sich die Reisetasche unter den Arm. Dann trat das Paar, entschlossen, dem Schicksal die Stirn zu bieten, auf den Bahnsteig des Gare St. Charles hinaus.
Ich folgte den Beiden mit vom Schlaf verquollenem Gesicht und meinen zerzausten langen schwarzen Haaren.

Hoffentlich hat Julian Heroult Wort gehalten, dachte ich und gähnte erleichtert, als ich den jungen Burschen in der derben Arbeitshose und dem offenen weißen Hemd sah. Der Bursche hatte eine Chauffeursmütze in der Hand, mit der er mir zuwinkte. Er eilte auf mich zu und nahm mir den Koffer ab. Als er auch das Paket entgegennehmen wollte, um es für mich zu tragen, lehnte ich freundlich, aber energisch ab.
An den schwarzen Citroën, in den er mich verfrachtete, kann ich mich deshalb so gut erinnern, weil er eine Krückstockschaltung am Armaturenbrett hatte und weit ausladende Kotflügel. Der Wagen erinnerte mich an einen amerikanischen Gangsterfilm mit Bonny and Clyde, den ich im »Coupole«, einem Pariser Kino, wenige Tage vor Kriegsbeginn gesehen hatte. Langsam und bedächtig schraubte sich der Wagen die Serpentinen der Marseiller Berge hinauf und donnerte anschließend mit knallendem Auspuff wieder nach St. Cyr hinunter. Der Bursche versuchte verzweifelt, ein Gespräch mit mir zu beginnen, doch ich gab vor, müde zu sein, lehnte mich zurück und schloß die Augen. Das Paket hatte ich unter Protest auf die Rücksitzbank gelegt, als ich merkte, daß der Chauffeur nicht schalten konnte, weil ihm ständig das flache braune Rechteck im Weg war.
Die Villa St. Fleurie lag inmitten von prächtigen Weinfeldern. Palmen säumten den Schotterweg, der auf ein weiß getünchtes zweigeschoßiges Gebäude zuführte. Als ich die Eingangshalle betrat, umfing mich eine angenehme Kühle, die mir nach der langen anstrengenden Fahrt wie ein Jungbrunnen vorkam. Julian Heroult, dreißig Jahre alt, braungebrannt, Alleinerbe eines 1000 Hektar großen Weingutes, Kunstkenner und Lebemann, dessen athletische Figur von einem weißen Leinenanzug betont wurde, trat auf mich zu und gab mir einen Begrüßungskuß auf beide Wangen.
Hattest du es sehr schwer, hierher zu kommen, meine Liebe?
Er war das Mitgefühl in Person.
Es war die längste und gräßlichste Zugfahrt, die ich je gemacht habe, stöhnte ich mit einem gekonnten Augenaufschlag.

Hast Du mir mitgebracht, was Du mir versprochen hast? Heroult konnte seine Neugier kaum zügeln.
Darf ich mich erst frisch machen, oder willst du es gleich sehen? erwiderte ich schnippisch.
Nein, das hat Zeit, lenkte Heroult ein. Wir haben das Gästezimmer im ersten Stock für dich vorbereitet. Wenn du willst, kannst du dort ein Bad nehmen. Ich erwarte dich dann zum Essen im Salon. Die Köchin hat »La Daube« zubereitet. Du wirst sehen, es ist eine Köstlichkeit!
Heroult konnte seine Enttäuschung nur schwer hinter seiner aufgesetzten Fröhlichkeit verbergen.
Danke, nickte ich erleichtert.
Ich nahm mein Gepäck auf, wobei ich das Paket fest umklammerte, und schritt die Treppe zum ersten Stock hinauf.
Das Gästezimmer, das wußte ich noch aus der Zeit, in der meine Eltern versucht hatten, mich mit Heroult zu verloben, lag am Ende eines langen Flurs, von dem rechts und links Türen zu den Zimmern der Dienstboten und den inzwischen verwaisten Räumen des alten Heroult abgingen. Ich schloß die Tür meines Zimmers hinter mir ab, legte den Bastkoffer auf das Bett und entnahm ihm frische Unterwäsche. Dann ließ ich heißes Wasser in die Wanne laufen, die sich in einem kleinen Badezimmer befand, das direkt an das Gästezimmer grenzte, und das man nur durch diesen Raum erreichte.
Ich badete ausgiebig, zog meinen einzigen Seidenschlüpfer an, den ich besaß und streifte das schwarze Chiffonkleid über, das meine schlanke Figur und das hübsche Dekolleté betonte, bevor ich mich schminkte. Zu guter Letzt legte ich die halbmondförmigen Ohrringe mit den Rubinen in der Mitte und die dazu passende silberne Halskette an. Zufrieden betrachtete ich mich im Spiegel. Ich schlüpfte in die Riemchensandalen, die zwar nicht ganz zum Kleid paßten, aber immer noch besser aussahen, als meine zertretenen Halbschuhe, mit denen ich angereist war, und machte mich auf den Weg zum Eßzimmer.

Das Personal hatte den schweren Holztisch mit einem weißen Damasttuch versehen, bestes Porzellan in bon china-Qualität aufgedeckt und schweren Rotwein aus eigenem Anbau in einer gläsernen Dekantierkanne bereitgestellt. Es gab einen Salade Niçoise mit Mittelmeerthunfisch, La Daube, das ist geschmortes Rindfleisch aus dem Tontopf, und zum krönenden Abschluß herrlich duftende Honigmelonen aus Cavaillon.

Wir haben uns bald ein Jahr nicht mehr gesehen, wie ist es dir in Paris ergangen? fragte Heroult zwischen zwei Bissen.

Ich habe Picasso kennengelernt, erwiderte ich stolz. Ich war sogar sein Modell in dem Atelier am Boulevard Clichy.

Hat er dich vernascht? Heroult lachte, wobei ich eine Spur von Eifersucht herauszuhören glaubte.

Nein, kicherte ich, dazu hatte er keine Gelegenheit. Seine jetzige Frau Dora Maar ist ständig um ihn herum. Eine unglaublich exzentrische Dame, die ihn keinen Moment in Ruhe läßt.

Und die Deutschen, was machen die mit Picasso?

Sie werden ihn in Ruhe lassen, er ist eine Berühmtheit ... Ich glaube, die deutschen Offiziere wollen heimlich seine Bilder kaufen!

So, genug der Vorrede, was hast du mir mitgebracht? Julian platzte fast vor Ungeduld.

Ich erhob mich, nahm das Tranchiermesser und schnitt die Schnur durch, die das Paket zusammenhielt. Heroult stöhnte vor Begeisterung auf, als er das Bild sah.

Ein muskulöser, braungebrannter männlicher Körper mit einem Stierkopf beugte sich über einen schneeweißen, weiblichen Akt. Die Zunge des Stiers wies auf die Vulva der Frau, der Penis des Mannes war aufgerichtet und bereit einzudringen. Im Hintergrund des Bildes loderten grelle gelbrote Farbschattierungen, wie Flammen, die das Liebespaar aufzufressen schienen. Am unteren rechten Bildrand war die typische Signatur Picassos zu sehen.

Wo hast du das her? rief Heroult atemlos.

Ich habe es ihm gestohlen, flüsterte ich. Eine der Sitzungen hat Picasso vorzeitig abgebrochen, Dora Maar war in das Atelier gekommen und hat ihm eine Szene gemacht. Ich weiß nicht, worum es ging, aber Picasso hat sie in spanisch angebrüllt und ist zornentbrannt aus dem Atelier gelaufen. Dora Maar hat mich wütend angestarrt und mir befohlen, sofort zu verschwinden. Sie ist Picasso gefolgt und ich hatte Zeit, mich anzukleiden und dieses Gemälde mitzunehmen. Es lag so offensichtlich vergessen unter einem Stapel angefangener Ölbilder ... Ich glaube, Picasso hat noch nicht einmal gemerkt, daß ich es ihm entwendet habe.
Und das soll ich dir glauben und 20.000 Franc für das Bild bezahlen? erwiderte Heroult mürrisch.
Ja, das mußt du, flüsterte ich zärtlich und ließ dabei die Träger meines Kleides über die Schultern gleiten, trat nackt auf Heroult zu und begann ihm das Jackett auszuziehen ...

22\. Juli 1940
Ich hatte Glück und fand ein billiges Zimmer in der Rue Chevalier Roux im korsischen Viertel von Marseille. Die Einrichtung bestand aus einem Waschbecken mit einem tropfenden Wasserhahn, darüber ein blinder Spiegel, an den Wänden vergilbte Tapeten mit Schimmelflecken, in der Ecke ein eisernes Bettgestell mit einer Decke, in die die Motten bereits Löcher gefressen hatten. Meine Nachbarn, Einwanderer aus Madagaskar, Marokko oder Algerien, schliefen zu sechst oder siebt in den Räumen, die neben meinem Zimmer lagen, immer abwechselnd, ein ständiges Kommen und Gehen, niemals Ruhe oder gar Zeit zum Nachdenken. Trotz der 2000 Franc, die ich als Miete im Voraus zu zahlen hatte, ging es mir besser als Hunderten der anderen verzweifelten Transitreisenden, die nachts auf ihren Koffern schliefen, ihr Hab und Gut an ihren Leib gepreßt, immer in der Angst, ausgeraubt zu werden.

Vor der argentinischen Botschaft hatte ich mich in eine lange Schlange von Wartenden eingereiht, die schweigend und mißmutig darauf hofften, endlich dem Vizekonsul vorgestellt zu werden. Er war ein kleiner dicker, ständig schwitzender Mann, mit Hornbrille und Brillantine in den Haaren, der Pässe, Geld, Schmuck, Schuldverschreibungen oder Aktien von den Exilanten forderte, bevor er ihnen huldvoll ein Visum ausstellte.

Am Abend saß ich unter einer fadenscheinigen Markise am Alten Hafen und nippte an einem dünnen Gerstenkaffee. Der Wirt hatte nur eine Kerze auf den Tisch gestellt und sonst alle Lichter gelöscht, aus Angst vor den Tieffliegern, die wie wilde Hornissen über die Stadt brausten. Ich hatte am Tag zuvor nur ein Stück Pissaladière und an diesem Tag ein trockenes Croissant gegessen. Ich fühlte mich entsetzlich müde und ausgelaugt. Ich war vor der Gluthitze des Tages in mein Zimmer geflüchtet, hatte mich auf das Bett gelegt, versucht, den beißenden Hunger zu ignorieren und ein wenig zu schlafen. Beides war mir nicht gelungen. Immer wieder tauchte der Artikel auf, den ich im »Marseille Soir« gelesen hatte.

Der Dampfer »Petit Soeur« ist von einem deutschen U-Boot in Höhe von La Coruña versenkt worden. Alle vierhundert Transitreisenden sind in den Fluten des Atlantiks ertrunken, hieß es dort.

Der Wirt der Bar, ein stämmiger Korse mit einem schwarzen Backenbart und kräftigen Oberarmen, hatte sich schweigend zu mir gesetzt und einen Teller mit Bouillabaisse vor mich hingestellt.

Das kann ich nicht bezahlen, hatte ich geflüstert.

Ein Geschenk des Hauses, Mademoiselle, grinste der Korse. Sie suchen eine Überfahrt nach Südamerika?

Woher wissen sie das? Ich zwang mich, die heißen Fischstücke nicht mit einem Bissen zu verschlingen.

Alle meine Gäste wollen fort aus Marseille. Argentinien ist ein bevorzugtes Reiseziel, kicherte der Korse.

Können Sie mir helfen?
Ja, ich kann ihnen ein Billet für die »Prinzess Wilhelmina«, einen holländischen Frachtgutdampfer, der nach Buenos Aires reist, besorgen.
Wieviel?
18.000 Franc, erwiderte der Korse mit einem gierigen Funkeln in seinen kleinen schwarzen Augen.
Zu viel, entgegnete ich enttäuscht. Das Visum würde sicher ähnlich viel kosten. Aber mehr als die Summe die der Korse gefordert hatte, besaß ich nicht!
Überlegen sie es sich gut, es sind nicht mehr allzuviele Plätze frei.
Wann geht das Schiff?
In drei Tagen.

24. Juli 1940
Das Amtszimmer des argentinischen Vizekonsuls in Marseille war ein hoher Raum, die Wände mit Mahagoni getäfelt. Er saß hinter einem wuchtigen Nußbaumschreibtisch, auf dem ein gußeiserner Ventilator stand, der auf sein feistes schwitzendes Gesicht gerichtet war und für die dringend benötigte Kühlung sorgte.
Nehmen sie Platz, Mademoiselle, begrüßte er mich und deutete auf einen Stuhl mit einer hohen Lehne, der direkt vor dem Schreibtisch stand. Was kann ich für sie tun?
Ich hatte mich mit kalkweißem Gesicht auf den Stuhl gehockt und war bis zur äußersten Kante nach vorne gerutscht. Ich wußte, daß sich in wenigen Augenblicken mein Schicksal entscheiden würde. Wenn ich es schaffte, auf die »Prinzess Wilhelmina« zu gelangen, hatte ich eine Chance, Argentinien zu erreichen und dort ein neues Leben zu beginnen. Wenn nicht, mußte ich mich in Marseille verstecken und darauf hoffen, daß die Franzosen mich nicht an die Nazis verrieten.
Sicher, meine Nachbarn in der Rue Chevalier Roux scherten sich einen Dreck um Andere. Aber wer wußte, wie lange das

so blieb? Schließlich fiel ich auf, als junge weiße Jüdin unter lauter Afrikanern. Erst vorgestern waren bei einer Razzia in einem Hotel auf dem Boulevard de la Corderie mehr als dreißig Juden verhaftet worden.

Monsieur, ich möchte sie inständig bitten, mir ein Visum für Argentinien auszustellen, stammelte ich heiser.

Das wird sie einiges kosten, lächelte Alphonse Didier kalt.

Wieviel?

20.000 Franc und eine Nacht mit mir, erwiderte Didier und grinste anzüglich.

Geben sie mir ihre Adresse und sagen sie mir, wann ich zu ihnen kommen soll. Ich bringe das Geld mit und sie das Visum. Es müßte am besten heute abend geschehen, damit ich morgen mein Schiff erreichen kann. Mein Herz raste und der Puls ging so schnell, daß ich kaum Luft bekam.

Promenade de la Plage Nr. 118, direkt gegenüber des Champ de Courses. Kommen sie so gegen 22 Uhr und ziehen sie sich etwas Nettes an, hustete Didier und wischte sich mit einem Taschentuch den Schweiß von der Stirn.

Den Nachmittag des 24. Juli verbrachte ich in meinem schäbigen Zimmer. Ich lag auf dem Bett und starrte an die schmutzige Decke, schloß die Augen und versuchte mir vorzustellen, was mir meine Eltern geraten hätten. Mein Vater hätte mich vermutlich dazu überredet, zu Julian Heroult zurückzukehren und ihn daran zu erinnern, daß wir einmal so gut wie verlobt gewesen waren.

Aber ich haßte das Gefühl, ausgeliefert und jederzeit verfügbar zu sein. Zu sehr hatte ich meine Freiheit in Paris genossen. Schließlich war es mir gelungen, trotz des Todes meiner Eltern selbst für meinen Unterhalt zu sorgen und war nicht gezwungen gewesen, eine Zweckheirat einzugehen. Niemals würde ich aufgeben und an Alphonse Didier scheitern! Ich stand auf, wusch mich an dem kleinen Waschbecken, schminkte mich und steckte die letzten beiden Veronal unter meine Armbanduhr. Ich nahm meinen Bastkoffer, schloß das Zimmer hinter mir ab und ging die schmale Stiege zur Gasse hinunter. Ich schlenderte zur Canebière hinunter, setzte mich in eine Bar und bestellte einen Pastis. Ich genoß den Anislikör mit viel Wasser und in kleinen Schlucken. Als es Abend wurde, machte ich mich auf den Weg zum Alten Hafen. Ich betrat die Bar des Korsen und sah ihn hinter der Theke Gläser spülen.

Gilt ihr Angebot noch? wollte ich wissen, ohne ihn zu begrüßen.

Ach, sie sind's Mademoiselle, lächelte der Korse.

Ein Billet habe ich für sie bis Mitternacht reserviert ...

Ich werde da sein, erwiderte ich, drehte mich schnell um und eilte aus der Bar, ehe mich der Mut verließ, den Bastkoffer fest an mich gepreßt. Ich eilte zur Mole hinunter, nahm den Zimmerschlüssel aus dem Koffer und warf ihn in hohem Bogen in das Hafenbecken, wobei ich mir selbst Glück für meine Zukunft wünschte.

Die Straßenbahn folgte der Corniche und brachte mich in das Viertel, das sich rund um den Champs de Courses gebildet hatte. Alphonse Didier wohnte in einer prächtigen, weiß getünchten Jugendstilvilla, deren Eingang dorische Säulen schmückten und die von einem blühenden Garten umgeben war, in dem der Oleander seinen betörenden Duft verströmte. Ein Dienstmädchen im schwarzen Kleid und weißer Schürze öffnete mir die Tür und führte mich in einen Salon, der durch das Licht von dutzenden Kerzen hell erleuchtet war. Alphonse Didier, der in einen dunkelroten, seidig glänzenden Morgenmantel gehüllt war, schwitzte heftig, rauchte eine Zigarre, inhalierte tief und ölte seine Kehle zwischendurch mit einem Schluck Rotwein.

Sie können gehen, beschied er dem Dienstmädchen und wandte sich mir zu.

Haben sie das Geld dabei?

Ich nickte, öffnete den Bastkoffer und entnahm ihm eine Handvoll Scheine, die ich neben das Visum auf einen riesigen Eßtisch legte, der mit Intarsien verziert mitten im Zimmer auf dem angenehm kühlen Fliesenboden stand.

Ich ließ den Blick durch den Salon schweifen. Auf dem Kaminsims entdeckte ich eine vergoldete viktorianische Spieluhr. Auf einer Louis Quatorze-Kommode, schräg gegenüber des Kamins, sah ich eine mit Feigen gefüllte silberne Obstschale. Auch die Kredenz, auf der die Weinflasche und zwei Gläser standen, war aus Silber, ebenso wie die Kerzenständer. Ich nickte, als Alphonse Didier auf den Rotwein deutete und mir etwas zu Trinken anbot.

Alle diese kleinen Schätze ließen sich bestimmt zu Geld machen und würden mir den Neuanfang in Argentinien erleichtern. Alphonse Didier stellte sein Glas ab, entkorkte die Weinflasche und schwankte ein wenig, als er mir das Glas füllte.

Prost Mademoiselle, auf uns! Didier nahm einen tiefen Schluck.

Ich täuschte eine kleine Ohnmacht vor, hielt mich an der Tischkante fest, stieß dabei das Glas um, das zu Boden fiel und auf den Steinfliesen in tausend Scherben zerbrach.

Das macht nichts, ma chérie, kicherte Didier, wandte sich um und schwankte auf eine Vitrine zu, hinter deren Glastür eine Sammlung von Weingläsern im Licht der Kerzen funkelten.

Hastig ließ ich die beiden Veronal, die ich zuvor in meiner Handfläche zerbröselt hatte, in das Glas des Vizekonsuls gleiten und stieß sogleich mit ihm an, nachdem Alphonse Didier mir erneut Wein eingeschenkt hatte. Gespannt starrte ich auf das Gesicht des Mannes, der immer heftiger schwitzte, je betrunkener er wurde. Er nestelte an dem Gürtel seines Morgenmantels herum, bis er es endlich geschafft hatte. Der Mantel klaffte auf und enthüllte einen dickfleischigen Körper, der durch den jahrelangen Genuß von Wein, Meeresfrüchten, Pralinés und vieler anderer Leckereien außer Form geraten war.

Machen sie sich frei, Mademoiselle,kommen wir zum zweiten, wesentlich angenehmeren Teil unserer Abmachung, höhnte Didier.

Ich ließ mir Zeit, behutsam begann ich mein Kleid von den Schultern zu streifen.

Nun mach' schon, stöhnte Didier. Mit schnellen kleinen Trippelschritten kam er auf mich zugeeilt, umarmte mich und warf mich mit erstaunlicher Kraft zu Boden, die ich ihm nicht zugetraut hätte ...

Arnoult legte die Seiten, die er gerade gelesen hatte, beiseite und schloß die Augen. Er sah die alte Dame vor sich, die in eine Decke gehüllt reglos in einem Rollstuhl saß. Celine Esterell wohnte in zwei Zimmern in der Rue Quattre Septembre im ersten Stock über dem Büro des Rechtsanwalts Monton. Die Fensterläden waren geschlossen, und nur das schummrige Licht einer Nachttischlampe erhellte das kleine Zimmer, in dessen Mitte ein wuchtiger Eßtisch stand, auf dem Arnoult einen winzigen Teller mit den Resten eines angebissenen Croissants, neben einer Kiste mit Photos und Briefen, entdeckte. Die lebhaften schwarzen Augen der alten Dame waren klar, doch ihre Stimme brüchig, als sie im Rollstuhl sitzend, die Tür öffnete und Arnoult hereinbat. Sie hatte ihn erwartet und wußte, daß er Kommissar der Marseiller Mordkommission war.

Ich glaube, ich weiß warum sie hier sind ... Monsieur Pirez hat mich kurz nach seiner Ankunft besucht. Er ist der Sohn meiner jüdischen Freundin Annette Pirez. Wir haben während des Krieges zusammen für einige Monate in Paris gewohnt. Nach ihrer Flucht verloren wir uns eine Zeitlang aus den Augen, bis ich das hier bekam ...

Sie rollte um den Eßtisch herum und entnahm dem Karton einen Brief, dessen Umschlag vergilbt war und eine ausländische Briefmarke trug, den sie ihm kommentarlos reichte.

Arnoult gähnte und nippte an dem Tisane, den ihm seine Wirtin auf sein Zimmer gebracht hatte. Etwas war faul an dieser Geschichte. Er mußte sich konzentrieren und preßte die Hände an die Stirn. Das Blut in seinen Adern pochte und die Narbe fühlte sich lebendig wie eine Schlange an. Er war verkrampft und spürte, wie die ersten Wellen eines Migräneanfalls seinen Nacken hochkrochen. Doch je mehr er sich das Hirn zermarterte, desto weniger gelang es ihm, Licht in das Dunkel des Geheimnisses um die Jüdin Annette Pirez zu bringen, das ihm die alte Dame serviert hatte. Müde und ausgelaugt drehte er sich auf die Seite und fiel wenig später in einen tiefen traumlosen Schlaf.

Fünfzehn

Der schmale, mit Schlaglöchern übersäte Waldweg endete nach hundert Metern abseits der D 66, die von St. Cyr nach La Cadière führte. Lannier schaltete den Scheinwerfer des BMW aus, verschloß das Auto mit der Fernbedienung, knipste die Taschenlampe an und begann den Pfad hinaufzuklettern, der sich zwischen den Kastanien und Korkeichen in der Dunkelheit verlor. Als Lannier den Kamm des Berges erreicht hatte, folgte er dem Bach, der sich ins Tal schlängelte und erreichte nach gut zwanzig Minuten die Steinhütte, in der er sich mit Margoux verabredet hatte, um die Beute der letzten Raubzüge zu verteilen. Ein süß-fauliger Geruch nach Ziegenbock lag in der Luft. In der Ferne hörte er das Blöken der Tiere und das Scheppern der Glocken, die die Tiere um den Hals trugen, damit sie im Wald nicht verloren gingen. Margoux hatte ihn erwartet, nervös eine Zigarette nach der anderen geraucht und immer wieder in die Dunkelheit gestarrt, um nach dem Lichtkegel einer Taschenlampe Ausschau zu halten. Er trat aus der Hütte, als er den dünnen gelben Strahl entdeckte.

Hierher Lannier, du hast es ja doch noch gefunden, rief Margoux leise und winkte ihm seinerseits mit seiner Lampe zu.

Hey Margoux, ich hoffe, daß sich der Aufstieg lohnt. Ich bin es wirklich satt, durch die Wildnis zu stapfen, schnaubte Lannier. Seine Kehle brannte und er ärgerte sich über sich selbst, daß er nichts zu trinken mitgenommen hatte. Er überlegte einen kurzen Moment, ob er einen Schluck aus dem Bach trinken sollte, doch dann fiel ihm ein, daß womöglich die Schafe das Wasser verdreckt hatten und er schüttelte sich angewidert. Komm rein und reg dich ab. Margoux winkte ihm mit der Stablampe, bevor er sie auf einem wackligen Holztisch deponierte, der direkt neben dem Eingang der Hütte stand. Hilf mir doch mal. Margoux deutete auf die Holzbohlen, deren schützende Deckschicht aus Erde er bereits weggewischt hatte. Vorsichtig begann er die Bohlen aus ihrer Verankerung zu befreien. Die beiden arbeiteten schweigend, bis sie das Einstiegsloch freigelegt hatten, durch das ein Mann bequem nach unten in den Hohlraum steigen konnte, der sich unter dem Holz befand. Halt mal die Lampe, forderte Margoux Lannier auf, ließ sich auf die Knie nieder, drehte sich um und hangelte mit den Füßen nach der Leiter, die an der Wand des Hohlraumes lehnte. Lannier nahm ein kratzendes Geräusch wahr, das so klang, als würde Margoux mit einem Meißel den Putz aus einer Mauerritze entfernen, bis ein Stein zu Boden fiel. Kurze Zeit später tauchte Margoux auf und hielt triumphierend eine Plastiktüte hoch. Er hängte sich die Tüte mit dem Henkel über das Armgelenk und begann die Leiter hochzuklettern. Als sein Kopf über den Rand lugte, riß ihm Lannier die Tüte vom Arm und versetzte ihm einen Tritt ins Gesicht, der ihn nach hinten schleuderte. Lannier hörte, wie Margoux einen markerschütternden Schrei ausstieß, bevor sein Körper auf den Boden plumpste. Lannier leuchtete mit der Lampe in die Grube und sah, daß der Kopf seines ehemaligen Partners in einem unnatürlichen Winkel vom Hals abstand. Er mußte so unglücklich aufgekommen sein, daß er sich das Genick gebrochen hatte. Lannier zuckte mit den Schultern, öffnete die Tüte, leuchtete hinein und entdeckte ein fingerdickes Bündel Fünfzig-Euro-Scheine. Scheiße, wenn das alles ist, hat mich der Kerl betrogen, dachte Lannier. Spätestens jetzt hätte er ihn umgebracht, dessen war er sich ganz sicher. Lannier deckte das Loch mit den Bohlen zu und häufte eine Erdschicht darüber, die er fein säuberlich verteilte, damit niemandem auffiel, daß sich darunter eine Höhle befand, nahm die Stablampe, prüfte noch einmal, ob er irgend etwas vergessen hatte, schnappte sich die Plastiktüte und verließ die Hütte, wobei er die Tür hinter sich ins Schloß zog und von außen mit einem Riegel sicherte. Er folgte dem Bachlauf. Nach wenigen Metern verschluckte das dichte Gebüsch das Geräusch seiner Schritte.

Sechzehn

In den frühen Morgenstunden des 17. Juli parkte Aline Margoux den Citroën Xsara neben dem weißen Renault Rapid, gähnte, fuhr sich mit der Hand über ihr graues, vor Müdigkeit zerfurchtes Gesicht, wartete einen Augenblick, bis sie sich aufraffte die Wagentür zu öffnen und stieg aus. Sie hatte wieder einmal eine schlaflose Nacht bei ihrer Tante verbracht, die starke Schmerzen gehabt hatte und ständig nach ihr verlangte. Sie war sich nicht sicher, wie lange sie das noch aushalten würde. Immerhin schickte die Sonne ihre ersten wärmenden Strahlen auf die taunaße Wiese neben dem Steinhaus, wo gewöhnlich die Ziegen grasten, die Albert morgens als erstes aus dem Stall holte. Aline runzelte die Stirn. Irgend etwas stimmte nicht ... Zwar hatte sie Kaspar, ihren Schäferhund, der in seiner Hütte hinter dem Haus angebunden war, bellen gehört, doch sie vermißte das Blöken der Tiere und den Geruch des starken Espressos, den ihr Mann für sie aufbrühte, und der die Morgenluft mit seinem würzigen Duft erfüllte. Aline Margoux öffnete die Haustür, die unverschloßen war und eilte die Treppe hinauf in Richtung des Schlafzimmers, wobei sie auf dem letzten Absatz laut den Namen ihres Mannes rief. Sie stieß die Schlafzimmertür auf und starrte auf das Bett. Es war unberührt, die Schlagläden standen offen und auch die Gardine war nicht zugezogen. Hatte Margoux die Nacht in der Ziegenhütte verbracht? Seltsam, in der Regel sagte er ihr Bescheid, wenn er wegblieb ... und im Moment schien er keinen Auftrag als Elektriker zu haben, sonst wäre er längst mit Lannier unterwegs, überlegte sie. Der Renault stand da, wo er ihn geparkt hatte. Das Motorrad hatte einen Platten und war seit Tagen nicht mehr von ihm benutzt worden. Schon möglich, daß er oben in den Bergen war. Aline seufzte und stieg die Treppe wieder hinunter, betrat die Küche und beschloß, sich erst einmal einen Espresso zu gönnen, bevor sie sich an die Arbeit machte. Bis zum Mittag war sie damit beschäftigt, den Ziegenstall auszumisten, die Hühner zu füttern und die Wäsche aufzuhängen, die seit zwei Tagen in der Waschmaschine vor sich hin gammelte. Dann begann sie sich ernsthaft Sorgen zu machen. Sie stellte den Wäschekorb ab, ging ins Haus zurück und wählte die Nummer Lanniers. Nach fünfmaligem Klingeln hörte sie den Anrufbeantworter: Bin nicht da, versuch' es später!

Wieder einmal ärgerte sie sich über den unverschämten Ton, den der Gehilfe ihres Mannes an den Tag legte. Wutentbrannt warf sie den Hörer auf die Gabel. Sie ging in die Küche, trank einen Schluck Wasser, trat ins Freie, schloß die Haustür hinter sich ab und machte sich auf den Weg zur Ziegenhütte. Obwohl die Sonne den Zenit überschritten hatte, war es immer noch glühend heiß. Erst als sie die Hälfte des Berges erklommen hatte, dort wo sich der Pfad an Korkeichen vorbei schlängelte, wurde es im Schatten der Bäume merklich kühler. Nach einer guten halben Stunde Fußweg erreichte sie die Hütte, deren Tür von außen verriegelt war. Drei der fünf Ziegen grasten etwa hundert Meter unterhalb auf einer Wiese, die ihre satte grüne Farbe dem Bach verdankte, der neben ihr ins Tal floß. Um die beiden anderen Tiere würde sie sich kümmern, wenn sie Margoux gefunden hatte. Aline zog den Riegel zurück und öffnete die Türe. Ein schwacher Blutgeruch lag in der Luft, so als hätte Margoux einen Hasen geschoßen, dessen Kadaver sie allerdings in dem Raum nicht entdecken konnte. Die Hütte sah aus, als wäre sie eine Zeit lang nicht benutzt worden. Ihr Mann hatte eine Büchse Ratatouille, einen Aluminiumtopf und einen Campinggaskocher auf einem Regalbrett deponiert. Alles war verstaubt und sah unberührt aus. Wo war Albert? Trotz der Hitze ließ sie ein Angstfrösteln erschauern. Wenn ihm etwas zugestoßen war? Vielleicht war er den entlaufenen Ziegen hinterher gestiegen, gestolpert und lag mit gebrochenem Fuß in einer Felsspalte?

In der Hütte hatte sie mehrere Seile gesehen, die auf den Regalbrettern lagen. Sie entwirrte die Stricke, nahm zwei längere Enden, verließ die Hütte und näherte sich vorsichtig den Ziegen, die regungslos am Ufer standen. Sie band die Halsbänder der Tiere zusammen und führte sie zur Hütte zurück, wo sie die Ziegen anpflockte. Die beiden Tiere ihrer kleinen Herde, die entlaufen waren, mußten in dem Gebüsch verschwunden sein, das sich östlich den Berg hinaufzog, in dem auch der Bach entsprang. Sie kletterte den Abhang hinauf und begann systematisch nach der Losung der Ziegen zu suchen. Bald darauf war sie fündig geworden. Schwarze glänzende Kotperlen lagen direkt neben einem getrockneten Farn. Sie folgte der Spur, die den Berg hinaufführte und entdeckte nach einer Weile die beiden Ziegen, die friedlich grasend in einer Mulde standen. Aline lockte die Tiere heran und knotete geschickt ein Seil an die Halsbänder, mit dem sie die Ziegen hinter sich her in Richtung der Hütte zog. Wenn Albert einen Unfall bei der Suche der verloren gegangenen Biester gehabt hätte, hätte sie ihn gefunden. Außerdem war es wirklich nicht schwierig gewesen, die Tiere einzufangen. Was war in ihn gefahren, die Ziegen alleine zu lassen? Aline ahnte, daß da etwas nicht mit rechten Dingen zuging. Der plötzliche Kauf des Citroëns hatte sie stutzig gemacht. Woher kam der plötzliche Geldsegen? Sie wußte, daß ihr Mann vor ihrer Ehe bei einem Einbruch erwischt worden, aber auf Bewährung frei gekommen war. Wenn er nun zusammen mit Lannier etwas ausgefressen hatte? War ihnen die Polizei auf der Spur und die beiden hatten sich versteckt? Sie beschloß, abzuwarten und erst einmal Ruhe zu bewahren. Aber wo hatte er die Diebesbeute gebunkert? Vielleicht in der Hütte? Wenn sie jetzt nachsähe und ihr Mann käme ihr auf die Schliche, müßte sie mit einem seiner fürchterlichen Wutausbrüche rechnen. Besser, sie würde ihn bei passender Gelegenheit danach fragen, entschied Aline und machte sich zusammen mit den Tieren auf den Heimweg.

Siebzehn

Der Friedhof von St. Cyr, ein Quadrat von hundert Metern Kantenlänge, lag einen Steinwurf vom Place de la Liberté entfernt. In dessen Mitte erinnerte ein Soldat aus Bronze in der Uniform eines Gefreiten des 3. Infanterieregiments der Garnison Var aus dem Jahre 1913 an die Gefallenen des 1. Weltkriegs. In eine Marmorplatte, die an dem Sockel der Statue angebracht war, hatte der Steinmetz vierzig Namen eingraviert. Arnoult trat näher heran, um die verwitterten Buchstaben lesen zu können. Auguste Bertrand, 23. November 1871 – 10. September 1913, Leutnant des II. Kavallerieregiments, war da zu lesen. Der Mann, der in dem Jahr des verhängnisvollen Sieges der Deutschen über die Franzosen geboren war, bezeugte eine mehr als hundertdreißigjährige Geschichte der Familie Bertrand in St. Cyr, und hatte damit natürlich ein Anrecht, samt seiner direkten Nachfahren im inneren Zirkel des Dorffriedhofs bestattet zu werden. Die gestorbenen Anverwandten der Neubürger mußten sich mit einem Gottesacker begnügen, den die Gemeinde hundert Meter entfernt, neben dem kommunalen Fußballplatz, angelegt hatte. Niemand wollte dort begraben sein. Jeder schaute neidisch auf die altehrwürdigen steinernen Gräber mit ihren Marmortafeln, auf denen die Bilder der Verstorbenen angebracht waren. Aus Platzgründen hatten sich die Dorfältesten sogar schon dazu durchgerungen, Grabkammern zuzulassen, die an der Westmauer des Friedhofs über- und nebeneinander angeordnet waren. Die Öffnungen, durch die gerade eine Urne paßte, wurde mit schmucklosen Steinplatten verschloßen, auf denen in schlichten Buchstaben der Name des Toten zu lesen war.

Arnoult schloß sich dem Trauerzug an, der sich langsam über den Place de la Liberté in Richtung des Friedhofs bewegte. Monique trug ein schwarzes Kleid, das die notwendige Länge besaß und ihre Knie umspielte. Ihre schwarzen Pumps betonten ihre langen schlanken Beine und waren gerade noch züchtig genug, um nicht Anlaß für die Erregung öffentlichen Ärgernisses zu sein. Sie trug einen Hut mit einem schwarzen Schleier und hatte sich bei Patrique Bertrand eingehakt, der wiederum seine Mutter stützte, die den Kopf gesenkt hielt und jeden Moment zusammen zu brechen drohte. Fast fünfzig Trauergäste hatten sich eingefunden, um Monsieur Bertrand die letzte Ehre zu geben und ihn zu seinem Grab zu begleiten, das im Schatten der Ostmauer lag. Der Trauerzug hielt neben der schweren Steinplatte, die man von der Gruft entfernt hatte. Die vier Träger hievten den Sarg von dem Karren und setzten ihn auf den schmalen Balken ab, die man über das Grab gelegt hatte. Die Männer ergriffen die Seilenden, strafften die Taue und hoben den Sarg damit an. Ein junger Bursche in einem abgewetzten schwarzen Anzug, dessen Ärmel so kurz waren, daß die Manschetten des blauen Arbeitshemdes hervorlugten, sprang herbei und entfernte die beiden Balken, auf denen der Sarg geruht hatte. Langsam und vorsichtig ließen die Männer den Sarg in die Grube gleiten, während der Priester ein Gebet sprach. Als die Traugemeinde andächtig an dem Grab vorbeizog, mitgebrachte Blumensträuße auf den Sarg warf und den Bertrands kondolierte, brach die Witwe in Tränen aus. Sie verbarg ihr Gesicht in beiden Händen und wandte sich leise wimmernd ab. Gestützt von Patrique und Monique verließ sie den Friedhof und stieg in einen grauen Renault 19, an dessen Antenne ein Trauerflor gebunden war.
Kommissar Arnoult, hab' ich recht? Mein Name ist Berilard, ich bin Notar der Familie Bertrand, ein alter Freund sozusagen, stellte sich ein älterer Herr vor, der sich auf einen Stock stützte und in seinem schwarzen Anzug in der Morgenson-

ne schwitzte, die das Thermometer auf über dreißig Grad getrieben hatte.

Arnoult hatte etwas abseits gestanden und die Gesichter der Menschen betrachtet, die Bertrand auf den Friedhof begleitet hatten. Er wußte von Fällen, bei denen sich der Mörder unter die Trauergäste mischte. Kein Psychologe konnte ihm bisher erklären, warum es einen Täter dazu trieb, seine Opfer zur letzten Ruhestätte zu begleiten.

Was kann ich für sie tun, Monsieur Berilard?

Wußten sie schon, daß die Witwe Bertrand eine reiche Frau ist?

Ich habe es fast vermutet, als ich das Grab sah. Arnoult deutete mit einem Kopfnicken auf die Randsteine aus schwerem, schwarzem Marmor.

Das meine ich nicht. Die Familie Bertrand hat neben dem Hausmeister der Heroults noch einen Arzt und einen Rechtsanwalt hervorgebracht. Auch diese beiden älteren Brüder sind hier begraben. Nein, Madame Bertrand ist die Erbin einer Lebensversicherung in Höhe von 250.000 Euro.

Da sieh mal einer an ..., murmelte Arnoult neugierig.

Ich weiß das deshalb so genau, weil ich der Testamentvollstrecker bin. Ihnen gegenüber unterliege ich nicht der Schweigepflicht, deshalb wollte ich es ihnen sagen, falls es für die polizeilichen Ermittlungen von Wichtigkeit ist.

Aber ja doch, Monsieur Berilard, vielen Dank, ich weiß das zu schätzen. Sagen sie, ist das so üblich, daß ein Hausmeister eine so hohe Summe als Lebensversicherung ausgezahlt bekommt?

Bertrand hatte einen Sprachfehler und wurde deshalb in der Schule immer gehänselt, er konnte im Gegensatz zu seinen Brüdern, beides angesehene Akademiker, kaum lesen und schreiben. Kann sein, daß er deshalb manchmal ein wenig jähzornig und verschroben war. Aber er war fleißig und gewissenhaft. Deshalb hat ihm der alte Heroult ein hübsches Sümmchen vermacht, das er in seine Lebensversicherung eingezahlt hat. Außerdem sind die Bertrands sparsame Leute und haben bestimmt vierzig Jahre in den Vertrag eingezahlt. Da kommt schon was zusammen!

Und warum erzählen sie mir das?

Na ja, die Leute hier im Dorf erfahren eine Menge. Ich glaube, jeder hier ahnt inzwischen, daß Madame Bertrand eine reiche Frau ist. Und nach ein, zwei Bier oder Pastis, werden die Zungen locker und dann machen die wüstesten Mordphantasien die Runde. Plötzlich ist es Patrique Bertrand, der seinen Vater erschlagen hat, dann ist es Madame Bertrand selber, die ihren Mann die Treppe hinuntergestoßen hat, oder die beiden haben einen Mörder gedungen, der vorher den Picasso gestohlen hat ... Wie auch immer, es gibt halt jede Menge Neider. Aber keines von diesen Gerüchten ist wahr. Ich kenne die Bertrands, solange ich lebe. Das ist eine grundanständige Familie, das können sie mir glauben. Nun denn, ich bin noch zu einem Umtrunk bei den Bertrands eingeladen, kommen sie mit?

Nein danke, Monsieur Berilard, ich habe noch zu tun, verabschiedete sich Arnoult und lüftete seinen Hut, den er trotz der Hitze dem traurigen Anlaß gemäß aufgesetzt hatte.

Achtzehn

Lannier trat auf das Gaspedal und ließ den Motor des schwarzen 3er BMW aufheulen. Vor jeder Kurve bremste er scharf ab, steuerte den Innenrand an und freute sich wie ein kleines Kind darüber, daß das Heck des Wagens nicht ausbrach. Rosaline hatte nicht schlecht gestaunt, als er mit dem scharfen Teil vorgefahren war, dem er zu diesem Anlaß ein Paar neue Alufelgen auf Pump spendiert hatte. Er hatte sich in Schale geschmißen, eng anliegende Lederjeans, Mokassins und Muscelshirt hatte er getragen, die Ray Ban-Sonnenbrille ins Haar geschoben, war zu ihr und der Kleinen ins Wohnzimmer gegangen und hatte die 4000 Euro wortlos auf den Tisch geblättert. Aber jetzt war er blank und die nächste Monatsrate stand an. Woher sollte er die Kohle nehmen, schließlich hatte er seinen Brötchengeber umgebracht. Lannier grinste bei dem Gedanken, daß dieses miese Schwein jetzt in einem Erdloch vor sich hin moderte. Seit Tagen ging ihm nicht mehr aus dem Kopf, was Margoux über Heroult erzählt hatte. Was wäre, wenn Heroult diesen Picasso wirklich geklaut hatte und ihnen die Schuld in die Schuhe schieben wollte? Bei der Arbeit an der Alarmanlage war ihm aufgegangen, daß Heroult ganz schön mit seinen Geschäften angab und dieser heißen Mieze vorgaukelte, was für ein toller Hecht er sei. Diese Françoise Clavine würde er auch nicht von der Bettkante schubsen. Er hatte sie beobachtet, wie sie im knappen Bikini auf der Liege am Pool lag, sich sonnte und ab und zu an ihrem Drink nippte. Er kannte sie aus einer Fernsehserie, in der sie die untreue Strohwitwe eines Ingenieurs gespielt hatte, der ständig auf Geschäftsreise war. Es gab da ein paar scharfe Szenen, bei der die freiwillige Selbstkontrolle wohl ein Auge zugedrückt hatte. Wie auch immer, er mußte einen Plan aushecken, der ihm dabei half, an das Geld Heroults heran zu kommen.

Ich sollte ihn einfach anrufen und herausfinden, was da zu holen ist, dachte Lannier und beschloß, die Sache jetzt sofort anzugehen.

Die Landstraße dritter Ordnung, die er gewählt hatte, um sich abzureagieren und neue Pläne zu schmieden, führte ihn von Bandol nach Cassis, immer steil bergauf, linker Hand an schroffen, mit Felsbrocken übersäten Abhängen vorbei, die, je höher er kam, immer kahler und abweisender wurden. Die rechte Seite der Fahrbahn, die sich zum Meer hin öffnete, das grünlich-blau in der Ferne zwischen den Berghängen aufblitzte, war nur mit wenigen Steinbaken gesichert, die keinen Halt bieten würden, wenn er sie rammte, wobei er Gefahr lief, tief in eine Schlucht zu stürzen. Kurz bevor Lannier den Bergkamm erreicht, öffnete sich die Felswand zu einer Parkbucht, in die er den BMW steuerte, bremste und in einer Staubwolke zum Stehen kam.

Lannier griff in das Handschuhfach und holte sein Handy hervor, stieg aus, ging ein paar Schritte und lehnte sich an die Steinplatte eines Rast-Tisches, der auf einer vertrockneten Wiese stand, inmitten einer Ansammlung von Bananenschalen, Coladosen und anderem Müll.

Der Blick allerdings, der sich Lannier bot, war atemberaubend. Sonnendunst stieg vom Meer auf, ein sachter Wind kühlte seine erhitzte Stirn und in der Ferne winkten die weißen Segel einer Yacht, die vor der Bucht kreuzte. Lannier atmete tief durch, bevor er die Auskunft anrief und sich die Telefonnummer Heroults geben ließ, die er mit der Stiefelspitze in einen der sandigen Flecken schrieb, die sich wie Kuhfladen über die Wiese verteilten. Lannier tippte die Nummer ein und wartete, bis sich nach dem sechsten Klingeln jemand meldete.

Heroult, wer spricht da?

Wer anruft, geht sie nichts an.

Was wollen sie? Hören Sie zu, warum kommen sie nicht endlich zur Sache?
Ich weiß, daß sie den Picasso selbst geklaut haben.
Was sie nicht sagen, mit wem spreche ich überhaupt?
Dummer Trick, zieht bei mir nicht. Sie sind in der Mordnacht im Keller der Villa gewesen und haben mit ihrem Schlüssel den Sicherungskasten geöffnet. Sie haben den Strom abgeschaltet, sind nach oben gegangen und haben den Picasso geklaut. Dann sind sie zum Vordereingang wieder raus. Dabei hat sie der Hausmeister erwischt. Sie hatten ein Brecheisen dabei, mit dem sie ein bißchen an dem Fenster und an dem Sicherungskasten rumgekratzt haben, damit es so aussieht, als wären sie eingestiegen. Mit dem Ding haben sie Bertrand den Schädel eingeschlagen und sind dann geflüchtet.
Das ist ja interessant, wie kommen sie auf dieses Märchen?
Lassen sie die Spiele, Heroult. Wenn ich nicht bis morgen Abend um sechs Uhr 100.000 Euro von ihnen bekomme, werde ich der Polizei einen Tip geben!
Sie sind ein Clown, Monsieur. Vermutlich haben sie selber den Picasso geklaut und Bertrand erschlagen. Hören sie, seien sie doch vernünftig ... Sie geben mir den Picasso wieder, und ich sage der Polizei nichts, einverstanden?
Heroult, du Schlaumeier, du wirst morgen Mittag mit der Post einen Schlüssel für ein Schließfach im Gare du Lyon in Marseille erhalten. Du solltest schleunigst das Geld beschaffen und in dem Schließfach deponieren, haben wir uns verstanden? Wenn nicht, weißt du ja, was passiert!
Lannier schaltete das Handy aus, verwischte mit der Stiefelspitze die Telefonnummer im Sand, grinste zufrieden, stieg in den BMW und räkelte sich genüßlich in das Polster, bevor er die Robbie Williams-CD in den Player steckte und die Musikanlage aufdrehte.

Neunzehn

Professor Pirez hatte den Rattansessel, in dem er saß, vor das Fenster rücken lassen, das weit geöffnet war und den Blick auf die Weinfelder freigab, deren schnurgerade Linien sich bis zum Horizont erstreckten. In der Ferne verschwand der glutrote Sonnenball langsam hinter einem Hügel, wobei er die Landschaft in ein sanftes Licht aus Braun und Gelb tauchte.
Pirez atmete durch. Warum war er nicht schon eher auf den Gedanken gekommen, in die Heimat seiner Mutter zurückzukehren und diesen prächtigen Anblick zu genießen? Vielleicht sollte er sich mit dem Geld aus dem Erbe hier niederlassen und seinen Lebensabend im guten alten Europa verbringen. Eine Gastprofessur an der Université de Provence in Marseille, zwei Stunden die Woche, damit ich nicht einroste, schmunzelte er im Stillen. Pirez hob das Glas mit der Milch, das ihm Madame Bertrand auf einem Tablett gebracht hatte und nahm einen kräftigen Schluck. Wo hat die gute Frau Bertrand meine Herztabletten gelassen? Zu dumm, das meine Frau immer noch nicht von ihrem Spaziergang zurück ist! ärgerte er sich. Seine Augen waren inzwischen so schlecht, daß er nur noch morgens in der Lage war, ein paar Seiten in einem Buch oder in der Zeitung zu lesen. Jetzt war ihm langweilig. Gleichzeitig hatte er Angst vor einer Nacht ohne seine Pillen, und er hoffte inständig, daß sie ihm die Herztabletten brächte und ihm noch einige Zeilen vorlesen würde, bevor er ins Bett ginge. Professor Pirez gähnte herzhaft und zog den Morgenmantel über seiner Brust zusammen. Er fröstelte immer noch und entschied sich nach kurzem Zögern dazu, das Fenster zu schließen, bevor er sich ins Bett legte. Doch dazu sollte es nicht mehr kommen. Ein Schmerz, heiß wie glühende Lava, machte sich in seiner Brust breit. Sein Herz raste. Pirez begann

zu schwitzen, er röchelte, weil er keine Luft mehr bekam, faßte sich mit beiden Händen an den Hals und zerrte den Kragen seines Hemdes herunter. Verzweifelt versuchte er aufzustehen, ans Fenster zu treten, Luft zu schnappen und nach Hilfe zu rufen, doch seine Beine gehorchten seinem Willen nicht mehr. Ein letztes verzweifeltes Zucken durchfuhr seinen Körper, während er mit glasigem Blick in den Sessel sank.
Der Notarzt, Monsieur Raspil, ein grauhaariger Mann mit einem müden Lächeln auf den Lippen, das ihm auch dann nicht verging, wenn er sich über einen Toten beugte, hielt das Stethoskop an die Brust des Professors und fand bestätigt, was er längst vermutet hatte. So leid es mir tut, ihnen das sagen zu müssen, aber ihr Mann ist tot, die Symptome deuten auf Herzversagen hin, sagte er mit belegter Stimme zu Madame Pirez, die regungslos auf dem Stuhl in einer Zimmerecke saß.
Sie nickte kaum merklich. Sie hätte traurig sein müssen, aber das Gegenteil war der Fall. Die letzten Jahre mit diesem herzkranken, eitlen Mann waren eine Tortur gewesen. Er hatte sich verhätscheln lassen wie ein kleines Kind. Reizbar und selbstgerecht hatte er sie eifersüchtig bewacht und ihr nur einmal am Tag gestattet, für sich alleine zu sein. Wenn sie jetzt Glück hatte, war sie reich und frei. Das Erbe würde ihre besten Jahre versüßen. Sie wollte noch etwas sehen von der Welt, Europa bereisen und noch einmal einen Mann kennenlernen, der nicht so egoistisch und besitzergreifend wie der Professor war. Aber dazu mußte der Picasso auftauchen und sie selbst mußte über jeden Zweifel erhaben sein, daß sie mit dem Tod ihres Mannes etwas zu tun hatte. Sie beschloß, Inspektor Roubaix anzurufen und ihn herzubitten.
Sagen sie, Monsieur Raspil, könnten sie mir einen Gefallen tun?
Jederzeit, Madame.
Würden sie bitte bei der hiesigen Präfektur anrufen und Inspektor Roubaix über den Tod meines Mannes informieren?
Selbstverständlich, Madame Pirez.

Zwanzig

Arnoult lag auf dem Rücken im Bett seines Zimmers im Quattre Poisson und starrte an die Decke. Seine Narbe pochte, er war müde, konnte aber nicht schlafen. Immer und immer wieder sah er die Bilder der letzten Tage vor seinen Augen, dabei suchte er nach Indizien, die er möglicherweise vergessen hatte. Es gab eine einzelne männliche Person, die es geschafft hatte, die Alarmanlage außer Gefecht zu setzen und unbemerkt in die Galerie einzudringen. Dieser Mann mußte sich in der Villa auskennen und wissen, daß es dort ein wertvolles Gemälde gab. Heroult, Françoise Clavine, Patrique Bertrand und dessen Freundin schieden erst einmal aus, wenn es ihm nicht gelang, ihre Alibis zu entlarven. Blieb nur dieser Professor aus Argentinien. Ein alter, apathischer Mann im Angesicht des Todes ... oder war das alles nur gespielt? Eine gute Tarnung, unter dessen Deckmantel man unbemerkt an den Schlüssel für den Sicherungskasten und damit an das Gemälde kommen konnte? Vielleicht hatte er den Schlüssel den Bertrands unbemerkt entwendet, eine Kopie anfertigen lassen, diese benutzt, und war dabei von dem Hausmeister erwischt worden? Was hatte die Obduktion Bertrands ergeben? Der Angreifer wäre recht kräftig gewesen ... also doch Pirez, der nur so tat, als sei er krank und schwach? Der Mann, der das Gemälde zurückeroberte, das seine Mutter unter solch abenteuerliche Art und Weise erworben hatte? Ein Intellektueller, der sich um sein Erbe betrogen sieht und nun Mittel und Wege ersinnt, um am Ende doch noch zu triumphieren?

Der dazu einen Schürhaken benutzt, den er vorher aus dem Wohnzimmer entwendet hat?

Es klopfte an der Tür, und noch bevor er etwas sagen konnte, stand Roubaix im Rahmen.
Kommen Sie, Arnoult, es hat einen weiteren Toten in der Villa St. Fleurie gegeben. Monsieur Pirez ist gestorben, der Notarzt hat mich angerufen. Madame Pirez hat ihn darum gebeten, mich zu benachrichtigen. Die Spurensicherung ist bereits unterwegs, beeilen sie sich!
Arnoult gähnte, erhob sich mühsam und trank einen Schluck Limonade, die ihm die Wirtin fürsorglich auf den Nachttisch gestellt hatte.
Zwanzig Minuten später parkte Roubaix seinen Renault neben einem weißen Nissan Minivan, mit dem die Spurensicherung gekommen war. Sie stiegen schweigend die Stufen zum Gästezimmer hinauf und wurden von Gustave Renier begrüßt, der ihnen ein Gemälde entgegenhielt. Das Bild zeigte einen Beaux mit erigiertem Glied und einem Stierkopf, der sich anschickte, eine Vulva zu penetrieren, deren Besitzerin sich hingebungsvoll auf einem Laken räkelte. Am rechten unteren Rand war die typische Signatur Picassos zu lesen.
Wo haben sie das her? rief Roubaix sichtlich erstaunt.
Es stand hinter dem Wandschrank. Es war in Packpapier gehüllt und muß erst vor kurzem dorthin geschoben worden sein. Die Schleifspuren im Staub sind noch zu erkennen.
Madame Pirez erhob sich von einem Stuhl, als sie das Zimmer betraten. Sie war blaß, ungeschminkt und sah unendlich müde aus.
Jemand hat uns reingelegt und dann meinen Mann umgebracht. Es sollte so aussehen, als hätten wir das Bild gestohlen. Was für ein Schmierentheater ..., sagte sie mit schwacher Stimme, brach ab und begann zu weinen.
Lassen sie die Leiche von Professor Pirez obduzieren. Ich will genau wissen, woran er gestorben ist, entschied Arnoult. Und jetzt zu ihnen, sie erzählen mir mal, wieso sie auf diese abstruse Idee kommen!

Für mich ist völlig klar, daß der Stiefbruder meines Mannes den Picasso hat stehlen lassen. Er hat irgendwelche Handlanger damit beauftragt, um uns das Erbe vorzuenthalten! Leider ist der Kerl dabei von Bertrand erwischt worden. Das hat dem armen Hausmeister das Leben gekostet. Nachdem die Versicherung nicht gezahlt hat, mußte das Gemälde wieder auftauchen. Also warum nicht in unserem Zimmer, um den Verdacht auf uns zu lenken? Umso praktischer ist es jetzt, daß mein Mann verstorben ist. Aber wer hatte dabei seine Hand im Spiel, Kommissar Arnoult? Finden sie es heraus!
Vielleicht sind sie nicht so ganz unbeteiligt daran, Madame? Wie wäre es, wenn ihr Mann das Gemälde gestohlen, dabei von Bertrand erwischt wurde, und ihn dann erschlagen hätte. Jetzt, wo er für sie unnütz ist, hat ihn ein Herzinfarkt erwischt. Wie praktisch für sie als trauernde Witwe und lachende Erbin!
Monsieur, wie können sie es wagen ..., funkelte sie ihn an.
Sie bleiben jedenfalls erst einmal in St. Cyr, bis alle Umstände des Todes ihres Mannes geklärt sind. Arnoult wandte sich um und verließ das Zimmer.

Einundzwanzig

Lannier betrachtete den kleinen silbernen Schließfachschlüssel in seiner Hand und grinste zufrieden. Du wirst mich reich machen, mein Schätzchen. Einhunderttausend Euro würden in dem Fach auf dem Gare du Lyon liegen. Und das wäre erst der Anfang. Hatte Heroult erst einmal gezahlt, würde er ihn auspressen wie eine Zitrone, so lange, bis er den Gegenwert des Picassos auf seinem Konto wußte. 1,5 Millionen, munkelte man. Was für eine Summe! Lannier startete den BMW und fädelte sich in den Verkehr ein, der von der Uferstraße hoch in die Berge des Luberon führte. Den blauen Renault Alpine, ein schnittiger kleiner Flitzer, flach wie eine Flunder, 150 PS unter der Haube, bemerkte er dabei nicht. Ein zäher Strom ausflugshungriger Touristen, Badetücher, Bastmatten und Taucherbrille im Kofferraum und das Surfbrett auf dem Dach, wälzte sich über die schmale Straße, an kleinen Villen vorbei, deren Fassaden von den Abgasen rußgeschwärzt waren. Lannier hatte die Seitenscheibe heruntergelassen und betrachtete gelangweilt die jungen Mädchen, die topless auf dem nahen Strand in der Sonne brieten, mit einem Handtuch über dem Kopf, um keinen Sonnenstich zu bekommen. Aus dem Lautsprecher seines Autoradios perlte der Sommerhit von DJ Bobo, wobei Lannier rhythmisch mit dem Kopf ruckte und den Fingern schnippte.

Nun laß gehen! dachte Lannier genervt, als der Fahrer des Wagens vor ihm, ein Megane Minivan, mit einer Horde tobender Kinder auf dem Rücksitz, einen jungen Mann in Schwimmshorts und Badelatschen, der ein Surfbrett unter dem Arm trug, über die Straße ließ.

Lannier hupte zweimal, bevor er Gas gab und hinter dem Megane hervorpreschte. Der Renault Alpine nutzte die entstandene Lücke und schloß zu Lannier auf. Dreihundert Meter hinter dem Ortsschild von St. Cyr hatte sich der Strom aufgelöst und es ging jetzt zügig voran. Kurz hinter La Ciotat schlängelte sich die Straße die Berge des Montagne de la Cagaille hinauf. Eine wunderschöne Strecke, bestens dazu geeignet, den Pferdchen die Sporen zu geben. Lannier atmete durch. Eine Million Euro und er wäre alle Sorgen los. Er würde nach Cannes oder Nizza ziehen, jeden Abend ins Casino gehen und dort den großen Mac geben. Natürlich würde er seinen Namen und sein Aussehen verändern. Ein Bart und kürzere Haare, dazu eine scharfe Brille von Armani oder Gaultier wäre nicht schlecht, und niemand würde ihn wiedererkennen! Er würde Rosaline einen Abschiedsbrief schicken und ihr erklären, daß er es satt hätte, ihr die Alimente zu überweisen und deshalb auf Nimmerwiedersehen verschwinden würde. Vielleicht sollte er behaupten, daß er in die Fremdenlegion gegangen sei?

Etwa in Höhe der Aussichtsplattform von Semaphore, von der man aus bei klarem Wetter die Spitzen der Türme des Chateau St. Pierre auf der Île des Embiez sehen konnte, die er einmal als Wiedergutmachung mit Rosaline und den Kindern besucht hatte, nachdem sie wie so oft gestritten hatten, fiel ihm der blaue Alpine auf, der seit St. Cyr nicht von seiner Stoßstange gewichen war.

Wenn der Typ ein Wettrennen will, kann er das haben, beschloß Lannier und beschleunigte den BMW so stark, daß der Motor aufheulte und das Heck ausbrach, als er um die nächste 90°-Kurve preschte. Zweihundert Meter weiter schoß der Alpine an ihm vorbei. Lannier erhaschte mit einem kurzen Blick den Kopf des Fahrers, der einen roten Motorradhelm mit Plexiglasvisier samt Mundschutz trug und die behandschuhte Rechte zu einem Victory-Zeichen hob.

Das werden wir ja sehen, mein Freund, wer hier wen fertig macht, dachte Lannier grimmig, schaltete in den dritten Gang zurück und trieb den Drehzahlmesser weit in den roten Bereich hinein. Es sah so aus, als wartete der Fahrer des Alpine

darauf, daß Lannier den Anschluß behielt. Er stoppte vor der nächsten Kurve und ließ ihn bis auf zehn Meter herankommen. Sie befanden sich jetzt gut zweihundert Meter oberhalb eines menschenleeren Sandstrandes, zu dem die Küstenstraße steil abfiel, nur durch einige wenige kniehohe Felsbrocken getrennt. Bis auf das hochtourige Surren der Motoren war kein Geräuch zu hören. Jetzt galt es, alles oder nichts!
Lannier und der Fahrer in dem verteufelt schnellen Alpine lieferten sich ein mörderisches Duell auf dem Asphalt, von dem die hitzeflirrende Luft aufstieg und die Felsen, auf die Lannier zu raste, seltsam unwirklich aussehen ließ.
Die Rücklichter des Alpine schienen Lannier magisch anzuziehen, und als der Renault nach rechts ausbrach und in einer Lücke zwischen zwei Felsbrocken zum Stillstand kam, krachte der BMW mit aufheulendem Motor auf eine Felswand, prallte ab und überschlug sich zweimal, während sich der Airbag öffnete und Lannier gegen den Fahrersitz presste.
Der Wagen fiel auf das Dach, rutschte noch gut zwanzig Meter, bis er zum Stillstand kam und mit einem lauten Knall in Flammen aufging.
Das Adrenalin, das nach dem Schock durch seine Adern schoß, machte Lannier hellwach.
Alle Knochen taten ihm weh und er fühlte sich, als wäre er per Zufall in einen Boxkampf mit Mouhammed Ali geraten. Aber es nützte nichts, er mußte hier raus, und das so schnell wie möglich, wollte er nicht verbrennen. Er tastete nach dem Türgriff, zog daran und warf sich gleichzeitig mit der letzten Kraft, die ihm geblieben war, gegen die Fahrertür. Sie öffnete sich einen Spalt weit, bevor sie mit einem knirschenden Geräusch aufsprang. Lannier wälzte sich an dem Airbag vorbei und ließ sich nach unten fallen. Nachdem er auf dem Boden lag, rollte er sich so schnell es ging vom Fahrzeug weg und kauerte sich hinter einen Felsbrocken.
In diesem Augenblick explodierte der Tank. Die Wucht der Detonation ließ Blechteile, Reifenstücke und Glassplitter wie

Schneeflocken in einem Wintersturm durcheinander wirbeln. Durch den Felsen geschützt, die Hand vor den Augen, dicht an den Stein gepresst, spürte er die brennend heiße Luft, die über ihn hinwegfegte. Zum zweiten Mal innerhalb weniger Augenblicke war Lannier dem Tod entronnen. Doch er verschwendete nicht einen Gedanken an seine wundersamen Rettung. Eine kalte Wut brannte in ihm.
Wer war der Kerl, der ihn so gedemütigt hatte?
Es war ihm, als hätte er ihn schon irgendwann einmal gesehen. Obwohl er sich den Kopf zermarterte, gelang es ihm nicht, die Augen, die er einen Moment lang durch das Visier des Helms gesehen hatte, einem Gesicht zuzuordnen. Aber eines war ihm klar. Diese dreiste Attacke auf sein Leben war kein Zufall. Heroult hatte den Geisterfahrer damit beauftragt, ihm eine Lektion zu erteilen, wenn nicht sogar ihn umzubringen. Die einhundertausend Euro konnte er sich abschminken. Lannier erhob sich mühsam, warf noch einen letzten Blick auf das brennende Wrack, steckte die Hände in die Hosentasche, umklammerte den Schließfachschlüssel und humpelte auf die Straße zurück. Etwa zehn Minuten später stoppte ein gelber Renault Clio mit einem Studenten aus Marseille am Steuer am Straßenrand und winkte ihm zu.
Wie sehen sie denn aus? Der Jüngling, der zu einem zerfransten weißen T-Shirt bunte Bermudashorts und schwarze Rastalocken trug, grinste, als sich Lannier neben ihm setzte.
Ich hatte einen Unfall, ich muß dringend ins Krankenhaus. Würde es ihnen etwas ausmachen, wenn sie mich nach Marseille mitnehmen würden?
Kein Problem, nickte der Student und gab Gas.
Etwa in Höhe von St. Marguente meldete sich Lannier zu Wort, der bis dahin geschwiegen hatte.
Halten sie doch bitte mal da vorne ... Lannier deutete auf den breiten Seitenstreifen, der direkt neben einem Olivenhain verlief.

Okay, erwiderte der junge Mann, der froh war, daß sein Fahrgast endlich sprach. Langsam aber sicher war ihm Lannier unheimlich geworden. Der Student bremste und Lannier stieg aus. Er verschwand hinter einem der Olivenbäume und machte sich an seiner Hose zu schaffen. Nach einer Weile rief er: Hey, kommen sie mal her und schauen sie, was ich gefunden habe!
Was ist es denn?
Na los, gucken sie selbst. Lannier winkte ihm zu.
Neugierig geworden, stieg der Student aus und eilte auf den Olivenbaum zu, hinter dem Lannier verschwunden war.
Der armlange Ast traf ihn mitten auf die Stirn. Mit einem Seufzer fiel er zu Boden und verdrehte die Augen.
Idiot, zischte Lannier und versetzte dem Bewußtlosen einen Tritt in die Niere.
Verächtlich spuckte er aus und ging gemächlich zu dem Clio, stieg ein und startete den Motor.

Zweiundzwanzig

Aline Margoux hatte jetzt achtundvierzig Stunden gewartet und immer noch kein Lebenszeichen von Albert erhalten. Warum hatte er nicht wenigstens angerufen? Herr Gott, was war passiert?

Sie hatte ein ungutes Gefühl. Na schön, es war auch schon früher vorgekommen, das er ein, zwei Tage verschwunden war. Das hatte sie nicht interessiert. Sie wußte, daß da keine andere Frau im Spiel war. Eifersucht hätte sie rasend gemacht, doch alles andere war ihr egal. Früher hatte er ihr jedesmal eine kleine Nachricht hinterlassen, wenn er verschwunden war. Einen Zettel unter ihre Kaffeetasse gelegt, oder eine Notiz mit ihrem Lippenstift auf den Badezimmerspiegel geschrieben. Aber jetzt, das war etwas Anderes. Sie mußte ihn suchen und zwar sofort!

Kaspar, der Schäferhund, kläffte und jaulte in seinem Zwinger, als sie sich ihm näherte. Sie öffnete die Tür des Drahtkäfigs, der windschief an der Rückseite ihres Hauses lehnte und schlüpfte hinein. Kaspar leckte ihre Hand und sprang vor Freunde an ihr hoch, während sie ihn losband.

Ist gut, Kaspar, such' Herrchen, gab sie ihm den Befehl und hielt die Eisentür weit geöffnet. Der Hund schoß pfeilschnell den Pfad hinauf, der sich nach wenigen Metern im Unterholz verlor. Aline Margoux hatte Mühe, ihm zu folgen, doch es war offensichtlich, daß Kaspar den Weg zur Hütte im Wald eingeschlagen hatte. Es sei denn, der Köter hatte ein Karnickel entdeckt, dem er jetzt nachjagte, sodaß sie sich womöglich im Wald verlaufen würde, wenn sie ihm folgte. Doch zwanzig Minuten später sah sie, wie Kaspar den Bergkamm erreichte und dann dem Lauf des Baches folgte. Was war das? Pure Gewohnheit? Oder verfolgte der Hund tatsächlich eine Spur?

Aline Margoux seufzte. Sie war es so satt, auf dem heruntergekommenen Bauernhof zu leben, sich um die Tiere und ihre bettlägerige Tante kümmern zu müssen. Manchmal wünschte sie sich, Albert würde bei seinen krummen Touren so viel Geld verdienen, daß sie diesen verwitterten Ziegenstall, in dem sie hausten, verkaufen und sich endlich eine schicke Eigentumswohnung in einer der besseren Wohngegenden von Cannes oder Nizza leisten konnten. Sie würde ihrer Tante eine Pflegehilfe finanzieren, und sie selbst würde nie mehr gezwungen sein, einen miesen Job anzunehmen.
Kaspar jagte jetzt immer schneller den Berg hinunter. Nur sein Schweif, der wie eine Fahne hin und her wippte, war zu sehen, wenn er im Gestrüpp verschwand. Aline hatte Mühe ihm zu folgen und ihn nicht aus den Augen zu verlieren. Endlich erreichten sie den Unterstand, den ihr Mann benutzte, wenn er die Ziegen hütete. Kaspar sprang hoch, jaulte und kratzte mit den Vorderpfoten an der Tür, bis Aline endlich, verschwitzt, erschöpft und durstig, die Hütte erreichte, den Riegel wegschob und sich die Tür unter dem Ansturm des Hundes öffnete.
Kaspar stürzte hinein und begann unter dem Tisch, der mitten im Raum stand, die Erde mit den Vorderpfoten beiseite zu scharren. Es dauerte nicht lange, bis die Holzbalken zum Vorschein kamen. Der Hund bellte laut und tanzte wie ein Derwisch um den freigeräumten Fleck herum. Aline runzelte die Stirn, diese Bohlen hatte sie noch nie gesehen. Sie zog den Tisch beiseite und machte sich dann an dem Holz zu schaffen. Ein Spalt zwischen zwei Dielen reichte aus, um mit einem abgebrochenen Ast, den sie vor der Hütte gefunden hatte, eines der Bretter aus der Verankerung zu lösen. Ein fauliger Geruch nach Verwesung schlug ihr entgegen. Rasch entfernte sie die restlichen Bretter, griff in ihre Hosentasche, holte das Feuerzeug hervor und entzündete es.
Was sie im flackernden Widerschein der Flammen entdeckte, ließ ihr Herz stocken. Würmer waren in Mund und Nase

des Toten gekrochen und hatten das Fleisch Albert Margouxs zersetzt. Als Aline die klaffende Wunde am Kopf ihres Mannes entdeckte, stieß sie einen gellenden Schrei aus.

Lannier du Schwein, du hast ihn umgebracht. Sie wimmerte leise und brach in Tränen aus.

Nach einer Weile hatte sie sich ein wenig beruhigt und überwand sich, die Holzleiter hinunterzuklettern, systematisch die Taschen ihres Mannes zu durchsuchen und ihm die Rolex vom Handgelenk zu nehmen.

Dann entdeckte sie, wonach sie gesucht hatte. Ein Schlüssel von einem Schließfach des Gare du Lyon. Dort sollte sich etwas verbergen, was sie sich holen sollte, falls er verschwände, hatte er ihr lächelnd vor drei Tagen erklärt, und sie dabei in den Arm genommen.

Dreiundzwanzig

Ein Schinken-Käse-Baguette vor sich, in das er von Zeit zu Zeit herzhaft hineinbiß, saß Sergeant Verlaine an seinem Schreibtisch in der Gendarmerie und grübelte über ein Kreuzworträtsel nach, das er im *Var Matin* gefunden hatte. Der ausgelobte Citroën C3 würde ihm schon gefallen. Zwei der drei gesuchten Lösungswörter hatte er schon gefunden. Ehemaliger französischer Präsident mit Doppel T und neun Buchstaben. Wer war das doch gleich? Die Tür ging auf und Verlaine ruckte ärgerlich hoch.

Hallo Verlaine, schon wieder Pause? Hier hast du die Post! lachte Antoine, der einzige Briefträger des Ortes, ein kleines drahtiges Männchen, mit eisgrauen Haaren und einem faltigen, braunen, alterslosen Gesicht, der die tägliche Tour durch die Stadt per Fahrrad erledigte und dadurch in den Besitz einer unverwüstlichen Gesundheit gelangte.

Gib' schon her, und ein wenig mehr Respekt, wenn ich bitten darf. Verlaine schnaubte und nahm das Briefbündel entgegen.

Hab' dich nicht so, rief Antoine, schon halb aus der Tür hinaus.

Mitterand, na klar ..., murmelte Verlaine, schrieb die Buchstaben in die dafür vorgesehenen Lücken und wandte sich dann der Post zu, die er nach Dringlichkeit sortierte.

Zuerst öffnete er den Umschlag, in dem er die Untersuchung der Fußabdrücke vermutete. Tatsächlich purzelten ihm die Photos der Schuhsohlen entgegen, die fein säuberlich nummeriert und mit Namen versehen waren. *Die Form der Sohlen ist identisch mit den Abdrücken im Treppenhaus. Allerdings sind in der Galerie nur die Abdrücke eines bisher unbekannten Sohlenpaares zu finden.*

Na ja, hatte dieser Lannier an diesem Abend eben andere Schuhe getragen, dachte Verlaine und betrachtete das Photo der Sohlen genauer. Etwas stimmt da nicht, grübelte er und dann fiel es ihm ein. Er vermißte das Loch, das der Nagel gerissen haben mußte, als er durch den Fuß von Lannier gedrungen sein sollte. Verlaine schrieb einen kurze Notiz und steckte die Photos zurück in den Umschlag. In dem nächsten Brief beschwerte sich ein Ehepaar darüber, daß der dreiste Dieb ihres Renault VelSatis noch nicht gefaßt worden sei. Verlaine schüttelte den Kopf.

Jeder Depp wußte, daß siebzig Prozent der Diebstähle im Department Var nicht aufgeklärt wurden. Deshalb hatte man ihnen schließlich diesen Arnoult vor die Nase gesetzt.

Verlaine stand auf, suchte den Aktenordner, in dem er den Vorfall abgeheftet hatte, steckte den Brief in eine Klarsichthülle und legte ihn zu der angefangenen Akte mit der Nummer 1277. Das hatte Zeit, schließlich waren sie erst dabei, Fall 934 zu bearbeiten. Wahrscheinlich war der Renault längst ein Schrotthaufen, wenn man ihn finden würde. Der nächste Brief war noch unergiebiger und bedeutete einen Haufen Arbeit. Er enthielt den Obduktionsbericht eines gewissen Pirez, der an Herzversagen in der Villa St. Fleurie gestorben war.

Mein Gott, das Haus ist ja von allen guten Geistern verlassen. Der dritte Tote innerhalb von drei Wochen, dachte Verlaine kopfschüttelnd, als er den Bericht durchblätterte. Die ganzen medizinischen Fachausdrücke sagten ihm nichts, aber dann fand er doch noch eine Zeile, die ihn aufhorchen ließ: *... gehen wir von der Tatsache aus, daß Pirez Blutdruck steigernde Mittel zu sich genommen hat, die bei seiner gesundheitlichen Verfassung absolut tödlich wirkten.*

Verlaine unterstrich den Satz und schob den Brief zurück in den Umschlag. Mit einem großen grünen Filzstift schrieb er *z. Hd. Kommissar Arnoult* darauf, erhob sich, setzte seine Dienstmütze auf und machte sich auf den Weg, um diese Post persönlich bei dem Kommissar aus Marseille abzugeben.

Vierundzwanzig

Als Arnoult die Augen aufschlug, war es Nacht. Ein dumpfer Schmerz hämmerte in seinem Schädel. Es fühlte sich an, als wäre sein Kopf in einer Schraubzwinge eingeklemmt. Der Rumpf und die Gliedmaßen seines Körpers schienen nicht mehr vorhanden zu sein. Doch halt, was war das? Seine Augen hatten sich inzwischen an die Dunkelheit gewöhnt und erspähten einen Tropf, der mit der Öffnung nach unten an einem Ständer hing. Aus dem Hals des Behälters führte ein Schlauch zu seinem rechten Arm und war dort mit einer Nadel verbunden, die in seiner Vene steckte. Er versuchte sich aufzurichten, aber es war zwecklos. Sein Körper gehorchte seinem Willen nicht mehr. Arnoult lag wie gefesselt in seinem Bett und spürte selbst das Gipskorsett nicht, das von seinem Hals bis zur Lende reichte. Als er zu schreien versuchte, vernahm er nur ein leises heiseres Krächzen. Wie war er nur in diese Lage geraten? Arnoult fühlte sich so furchtbar müde. Verzweifelt schloß er die Augen und versank in einen tiefen Schlaf, aus dem er erst erwachte, als ihn laute Stimmen weckten.

Kommissar Arnoult, hören Sie mich?

Er schlug die Augen auf, blinzelte und versuchte zu antworten, aber er brachte wieder nur ein heiseres Krächzen zustande. Arnoult entdeckte zwei Männer in weißen Kitteln, die beide ein Stethoskop um den Hals hängen hatten.

Etwas abseits der beiden, aber auch am Fußende seines Bettes, stand eine attraktive junge Frau, die ihn erwartungsvoll anblickte.

Sie haben fast den ganzen Tag geschlafen. Soweit wir es beurteilen können, sind sie außer Lebensgefahr, begann der ältere der beiden Männer. Offensichtlich Ärzte bei der Visite.

Zwei ihrer Rippen sind gebrochen und haben sich in die Milz gebohrt. Die haben wir Ihnen in einer Notoperation wieder zusammengenäht. Ansonsten ist ihr linkes Wadenbein gebrochen. Auch das haben wir ihnen wieder zusammengeflickt. Insofern besteht Hoffnung, daß Sie irgendwann wieder laufen können. Bis dahin müssen wir allerdings noch einiges tun. Hinzu kommt, daß ihre Gesamtkonstitution nicht die beste ist.
Sie liegen hier in Marseille im Hospital St. Marie auf der Pflegestation für Schwerverletzte, fuhr der jüngere Arzt fort. Können sie sich an ihren Unfall erinnern?
Arnoult versuchte zu antworten, brachte aber wieder nur ein Krächzen zustande. Ein Unfall? Wie war er nur in dieses Bett gekommen?
Der junge Arzt hatte ein braungebranntes Gesicht, das ein wenig an Paul Newman erinnerte. Unter seinem Kittel trug er ein Lacoste-Poloshirt und Jeans von Esprit, bereit, in zwanzig Minuten in seinen offenen Zweisitzer zu steigen, um zum Golfplatz zu fahren.
Sie hatten einen schweren Autounfall oben in den Bergen. Sie sind von der Straße abgekommen und in eine Schlucht gestürzt. Man hat sie mit einem Schneidbrenner aus dem Wrack ihres Autos herausgetrennt und anschließend per Rettungshubschrauber direkt hierher gebracht. Sie haben Glück gehabt, daß ein junges Pärchen den Unfall beobachtet hat und per Handy Hilfe holen konnte!
So, und nun gute Besserung, wir schauen morgen wieder nach ihnen, murmelte der Ältere, bevor er sich umdrehte und grußlos aus dem Zimmer eilte.
Ich heiße Giselle, stellte sich das hübsche Mädchen vor, nachdem auch der Rest der Mannschaft aus dem Raum verschwunden war. Arnoult schätzte sie auf Anfang Zwanzig. Sie hatte kurze schwarze Haare. Ein paar Fransen auf ihrer Stirn, die sie in regelmäßigen Abständen wegpustete, ließen sie frisch und munter aussehen. Giselle wandte sich zum Fenster, schob einen Vorhang beiseite und öffnete einen der Kippflügel. So-

fort hörte er das ferne Rauschen des Straßenverkehrs, unterbrochen von einer Schiffssirene, die aus dem nahen Hafen bis hinauf zum Krankenhaus tönte.
Falls Sie etwas wünschen, Monsieur Arnoult, drücken Sie doch diesen Knopf, der direkt hier neben ihrem Kopfende angebracht ist. Dann kommt sofort eine Schwester und hilft ihnen. Oh, entschuldigen Sie bitte, ich habe vergessen, das Sie sich nicht bewegen können, stammelte das Mädchen mit hochrotem Kopf.
Richtig, mein Schätzchen, und so, wie ich das eben verstanden habe, wird sich das auch so schnell nicht ändern, dachte er grimmig und versuchte zu krächzen.
Auf Wiedersehen, Monsieur Arnoult, und entschuldigen Sie vielmals, ich werde bestimmt regelmäßig nach ihnen sehen, versprach Giselle und verließ hastig das Zimmer, wobei Arnoult einen schnellen Blick auf zwei schlanke Beine und einen wohlgeformten Körper werfen konnte.
Ein leichter Wind drang in das Zimmer und bauschte den Vorhang. Er roch eine schwache Mischung aus Abgasen, Salzwasser und Sommer. Direkt über der Tür entdeckte Arnoult eine Uhr mit einer Datumsanzeige. Es war Montag, der 24. Juli, 16:43. Rechts daneben war ein Gestell befestigt, auf dem sich ein Fernseher befand. Vielleicht konnte er Giselle dazu bewegen, das Ding anzustellen, damit er ein wenig Kontakt zur Außenwelt erhielt. Was hatte der Arzt gesagt, ich habe einen Tag geschlafen? Demnach mußte sich der Unfall am Sonntag ereignet haben. Was hat mich bewogen, an diesem Tag durch das Küstengebirge oberhalb von Marseille zu fahren? dachte Arnoult verzweifelt. Er konnte sich an nichts erinnern. Nachdenklich schloß er die Augen und versuchte sich zu konzentrieren. Zwar hatte der bohrende Schmerz in seinem Kopf nachgelassen, doch er hatte das Gefühl, als sei nur Watte in seinem Schädel. Jetzt spürte er auch das Brennen der Narbe auf seiner Stirn. Er gähnte, atmete tief durch und versuchte, an gar nichts zu denken.
Er hatte etwa eine Stunde vor sich hin gedämmert, als sich die

Tür zu seinem Krankenzimmer öffnete. Arnoult riß die Augen auf. Jemand setzte sich auf seine Bettkante und drückte seinen rechten Arm, in dem die Nadel steckte.
Kommissar Arnoult, ich bin es, Inspektor Roubaix, erinnern Sie sich an mich? Arnoult versuchte zu nicken.
Natürlich kenne ich dich, du Idiot! Sie hielten ihn hier scheinbar für einen alten Trottel mit einem Dachschaden!
Geht es ihnen einigermaßen gut? Arnoult versuchte, zustimmend zu krächzen, was ihm gründlich mißlang.
Mal ganz unter uns, Kommissar Arnoult, sie sollten das Autofahren wirklich dran geben. Man munkelt, daß sie vor einiger Zeit schon einmal einen schweren Unfall hatten, bei dem jemand ernsthaft zu Schaden gekommen ist. Aber lassen wir das. Der Fall Bertrand ist bei mir in guten Händen. Ach übrigens, Verlaine hat die Laborberichte der Obduktion von Pirez in ihr Hotel gebracht. So wie ich das sehe, hat der arme Mann durch die ganze Aufregung einen Herzinfarkt erlitten, der ihm das Leben gekostet hat. Ich glaube, die beiden haben in dem allgemeinen Durcheinander in der Nacht, in der Betrand ermordet wurde, den Picasso geklaut und in ihr Zimmer geschleppt. So wie es aussieht, habe ich eine heiße Spur, was den Mörder Bertrands betrifft. Spaziergänger haben Margoux gefunden. Irgend jemand hat auch ihm den Schädel eingeschlagen. Margoux hatte einen kleinen Matisse im Arm. Das zeigt, daß der Mörder keine Ahnung hatte, welche Schätze ihm da entgangen sind. Mein Instinkt sagt mir, daß das Lannier ist. Die Sache mit seinem Fuß war nur vorgetäuscht. Sein rechter Schuh, den er trug, als er in die Villa eingestiegen ist, hatte an der entscheidenden Stelle kein Loch, das von dem ominösen Nagel hätte stammen müssen, in den er angeblich getreten ist. Das Ganze war nur eine Finte, um uns glauben zu machen, er hätte ein Alibi. Die Fußspuren des dritten Mannes sind ebenfalls identifiert. Sie stammen von dem jungen Bertrand, der seinen Eltern dabei half, die Galerie zu reinigen, da der Bauschutt nicht ordentlich entfernt war. Wenn wir Lan-

nier haben, werden wir ihm nachweisen, daß Margoux und er die Einbrüche in den Villen begangen haben. Dann muß es wohl Streit über die Beute oder über den Mord in der Villa St. Fleurie gegeben haben, während dem er seinen Kompagnon erschlagen hat. Lannier ist seit Tagen verschwunden, aber wir werden ihn schon schnappen. Also, sie sehen, Kommissar Arnoult, ich habe alles im Griff. Ruhen sie sich aus und werden sie bald wieder gesund. Salut, bis dann, verabschiedete sich Roubaix mit einem Kopfnicken und verließ das Zimmer, das nach Blut, Kot und Medikamenten roch.

Tu was du nicht lassen kannst, seufzte Arnoult im Stillen, ließ sich in die Kissen sinken, schloß die Augen und war wenige Augenblicke später eingeschlafen.

Roubaix hatte eine geschlagene halbe Stunde vor dem Zimmer des Arztes gewartet, der ihn an Paul Newman erinnerte. Endlich öffnete ihm Giselle die Tür und ließ ihn ein.

Der Polizeipräsident des Departments Var möchte, daß sie uns einen Gefallen tun, Doktor, sagte Inspektor Roubaix, der kurz davor war, das *Rauchen Verboten*-Schild zu ignorieren, das über dem Schreibtisch des Arztes thronte.

Und der wäre? Der Arzt hatte seinen Kittel ausgezogen und ein leichtes Leinenjackett übergestreift. In der Hand hielt er einen Autoschlüssel mit einem Porscheemblem, das im Licht der Neonröhre glitzterte.

Halten Sie Kommissar Arnoult fest, solange es eben geht!

Fünfundzwanzig

Monsieur Desnoyer stützte sich schwer auf seinen Krückstock, ein Prachtstück aus schwarzem Ebenholz mit einem Silberbeschlag, den der Antiquitätenhändler und Galerist aus dem Nachlaß eines gewissen Alphonse Didier, ehemals argentinischer Vizekonsul während des Zweiten Weltkriegs in Marseille, erstanden hatte. Desnoyer schmunzelte, als er daran dachte, wie er an den Krückstock gekommen war. Der Immoblienmakler, der das Anwesen verwaltete, hatte ihm erzählt, das Didier an einer Überdosis Schlaftabletten gestorben war, die ihm irgendeine Mätresse in den Wein gekippt hatte. Die argentinische Botschaft hatte das Gebäude nach dem Krieg aus Geldmangel verrotten lassen, bis sich vor gut zwanzig Jahren ein Investor fand, der die Villa in ein Hotel umbauen ließ. Das komplette Inventar aus den Dreißiger Jahren war samt des Krückstocks bei Desnoyer gelandet, der den größten Teil davon zu hervorragenden Preisen verhökern konnte. Nur der Krückstock war übrig geblieben, und jetzt, wo Desnoyer auf die achtzig zuging, diente er ihm zu dem, wozu er nie gemacht worden war. Einst zur Repräsentation gedacht, fungierte er nun als Gehhilfe. Ein Abstieg, der auch dem übrigen Mobiliar der Villa beschieden war, das jetzt in Bars und Kneipen rund um den Hafen als Buffets und Regale genutzt wurde.

Desnoyer, von Rheuma und Arthrose geplagt, hatte sich von einem Taxi bringen lassen, dessen Fahrer, ein dunkelhäutiger Marokkaner, versprochen hatte zu warten, bis der alte Mann von seinem Krankenbesuch zurückgekehrt war. Der Fahrstuhl brachte Desnoyer in den dritten Stock. Er stieg aus und humpelte den Flur entlang, bis er das Zimmer 302 gefunden hatte. Er klopfte an und als ihm niemand antwortete, trat er ein. Arnoult lag im Bett und hatte die Augen halb geöffnet. Den Tropf und

die Nadel in seinem Arm hatte Giselle am Vormittag entfernt, seine Kissen aufgeschüttelt und das Bett hochgestellt, sodaß er nun, zwar unter starken Schmerzen, aber immerhin im Sitzen, essen konnte. Dabei hatte sie sich soweit über ihn gebeugt, daß er ihr Parfüm gerochen hatte. Ein lieblicher Duft mit einem Hauch von Lavendel. Das, und die Tatsache, das er bereits wieder feste Nahrung zu sich nehmen konnte, hatte ihn eine Zeitlang aufgemuntert, bis ihm dämmerte, daß er immer noch nicht wußte, wie es zu dem Unfall gekommen war. Er hatte eine Weile vor sich hin gedöst und versucht, seine Gedanken zu ordnen, die immer wieder in einem Nebel aus Müdigkeit, Schmerzen und Morphin verschwanden, bis Desnoyer in das Zimmer trat und ihn aus dem Dunst befreite.
Desnoyer, krächzte Arnoult. Ein Lächeln huschte über sein blasses Gesicht. Seine Lebensgeister erwachten, und er verspürte Durst, konnte sich aber nicht entscheiden, ob er sich die Mühe machen sollte, das Glas zu erreichen, das Giselle fürsorglich auf den Nachttisch gestellt hatte.
Kommissar Arnoult, was höre ich da von Ihnen? erwiderte Desnoyer mit einem ironischen Lächeln, trat näher, rückte den Stuhl, den er vor dem Waschbecken gefunden hatte, neben das Bett und ließ sich schwer darauf fallen.
Warum haben sie sich her bemüht, Desnoyer? Es lohnt sich wirklich nicht, mich altes Wrack zu begutachten, flüsterte Arnoult und hob nun doch die Hand, um nach dem Glas zu greifen und in winzigen Schlucken zu trinken, bevor er es mit letzter Kraft auf den Nachttisch zurückstellte.
Ich wollte ihnen das hier zeigen, erwiderte Desnoyer, räusperte sich und hielt einen reich verzierten Besteckkasten aus Kirschbaumholz hoch, bevor er ihn vor den Augen Arnoults öffnete. Darin befand sich ein blankpoliertes Silberbesteck aus dem 18. Jahrhundert, das ausgereicht hätte, um eine vielköpfige Verwandtschaft zu bedienen. Auf der Innenseite des Deckels war der Name *Heroult* in goldenen Lettern aufgemalt.
Woher haben sie das? Arnoult war wie elektrisiert.

Ein junges Paar hat mir das gute Stück zum Kauf angeboten. Vor drei Tagen kamen sie in meinen Laden. Er vermutlich Anfang dreißig, schmaler Typ, mittelgroß, schwarze kurze Haare. An die junge Frau kann ich mich kaum erinnern. Nur, das sie sehr attraktiv war, schlank, mit dunklen Haaren. Tja, man wird eben alt, seufzte Desnoyer resigniert. Sie waren mit ein paar hundert Euro zufrieden. Ich habe den jungen Leuten den Kasten auch nur abgekauft, weil ich den Namen des ehemaligen Besitzers gelesen habe und sie mich gebeten hatten, die Augen aufzuhalten und mich umzuhören, was auf dem Markt angeboten wird. Dann habe ich sie angerufen.

Wann war das? Arnoult war gespannt.

Am Sonntag, morgens so gegen elf Uhr. Sie versprachen, direkt vorbei zu kommen.

Jetzt weiß ich wenigstens, warum ich nach Marseille gefahren bin, dachte Arnoult verbittert.

Vielleicht hatte Roubaix ja doch recht und dieser Lannier war in die Villa eingebrochen, hatte den Besteckkasten entwendet, und versuchte ihn jetzt so schnell wie möglich gegen Bares bei dem bekanntesten Antiqitätenhändler der Stadt wieder los zu werden. Damit er nicht auffällt, nimmt er seine junge hübsche Freundin mit.Verzweifelt schloß Arnoult seine Augen.

Bin ich wirklich nicht mehr Herr meiner Sinne und nicht mehr in der Lage, ohne Unfall nach Marseille zu fahren? dachte Arnoult, wobei ihm der Angstschweiß ausbrach.

Arnoult, was ist mit ihnen, soll ich den Arzt rufen? Desnoyer war besorgt, als er das blasse verschwitzte Gesicht seines Freundes sah.

Nein, nein, Desnoyer, lassen sie nur, es geht schon wieder ... erwiderte Arnoult erschöpft.

Das ist wirklich nett von ihnen, daß sie an mich gedacht haben. Wie haben sie von meinem Elend erfahren? fragte Arnoult mit schwacher Stimme, wobei er zu lächeln versuchte.

Der alte Mann runzelte die Stirn. Hat ihnen Roubaix nicht erzählt, daß ich mich nach ihnen erkundigt habe?

Nein, das hat er nicht. Er hält mich für verrückt ... Er ist der Auffassung, daß ich meinen Führerschein abgeben sollte, weil ich nicht mehr in der Lage bin, Auto zu fahren. Ich habe aus irgendeinem Grund die Gewalt über den Citroën verloren. Es muß in einer engen Kurve passiert sein. Vielleicht hat mich jemand von der Straße gedrängt ... ich weiß es nicht mehr. Ich habe immer noch das Bild vor meinen Augen, wie die Felswand auf mich zugerast kam. Es krachte, der Citroën durchbrach die Leitplanke und dann hatte ich das Gefühl, als würde ich fliegen ... Von da an fehlt mir jede Erinnerung, bis ich hier aufwachte. Arnoult ließ sich kraftlos in die Kissen sinken.

Sie haben wirklich Schwein gehabt, Arnoult. Unter der Stelle, wo sie durch die Leitplanke geschleudert sind, gibt es einen Felsvorsprung, der den Wagen aufgefangen hat. Sonst wären sie gut hundert Meter in die Tiefe gestürzt. Aber nun ruhen sie sich aus, Arnoult. Schlafen sie, das ist das Beste.

Desnoyer, bitte tun sie mir einen Gefallen. Bringen sie die Schatulle zur Präfektur nach St. Cyr. Dort soll sie Inspektor Roubaix in Empfang nehmen. Und sagen sie ihm, daß er noch einmal herkommen soll. Ich muß mit ihm reden ... murmelte Arnoult bereits im Halbschlaf.

Machen sie sich keine Sorgen, ich werde das für sie erledigen. Desnoyer erhob sich mühsam von seinem Stuhl und humpelte, die Schatulle unter dem einen Arm, mit der anderen Hand auf den Krückstock gestützt, aus dem Krankenzimmer.

Als Monsieur Desnoyer das Taxi erreichte, ließ er sich schwer atmend in den Fond des Wagens sinken, schloß die Augen und entschied, daß es sicherlich Zeit hatte, die Schatulle zu diesem Roubaix zu bringen, bis Arnoult wieder aus dem Krankenhaus entlassen war.

Schon auf der Fahrt über die Cannebière durch den dunstig heißen Nachmittag, der selbst junge Menschen nach Kühle lechzen ließ, hatte Desnoyer diesen Vorsatz bereits wieder vergessen.

Sechsundzwanzig

Das Schließfach mit der Nummer 431 hatte er schnell wiedergefunden. Die silbergrauen Metallkästen waren am Ende eines neonbeleuchteten Ganges in der Tiefparterre des Bahnhofs aufeinander gestapelt. Lannier blickte sich um. Ein junger Bursche, Anfang Zwanzig, in Jesuslatschen, T-Shirt und abgeschnittenen Jeans, verfrachtete seinen Rucksack in eines der Schließfächer, drückte es zu, schloß ab und machte sich dann pfeifend auf den Weg zur Rolltreppe, die ihn zum Ausgang brachte. Lannier schlenderte auf die Metallkästen zu, die Hände in den Taschen, in der linken Hand den Schlüssel fest umklammert. Er schob die Sonnenbrille in sein Haar, schaute noch einmal prüfend in die Runde und steckte dann den Schlüssel mit zittrigen Fingern in das Schloß. Dann atmete er durch, horchte kurz auf sein pochendes Herz, öffnete mit einem Ruck die schmale Tür und entdeckte einen kleinen Zettel, der mit Klebeband an der Rückwand des Faches befestigt war.

Beim nächsten Mal bist Du tot, Lannier!!!

Lannier riß den Zettel ab, zerknüllte ihn und stopfte den Papierfetzen hastig in seine Tasche. Er warf die Tür ins Schloß und ließ den Schlüssel stecken. Leise fluchend eilte er mit schnellen Schritten auf die Rolltreppe zu, die ihn an die Erdoberfläche brachte.

Der Clio stand im Halteverbot zwischen einem Megane mit belgischem Kennzeichen und einer blaßgrünen Ente, die auch schon bessere Tage gesehen hatte. Ein Strafzettel hing unter dem Scheibenwischer, dem Lannier keinerlei Beachtung schenkte, als er einstieg und den Motor startete. Nach zehn Minuten Fahrt setzte ein heftiger Platzregen ein, der wenig später die Kanäle überflutete. Riesige Pfützen, groß wie Seen, bildeten sich in Sekundenschnelle in den Schlaglöchern der zerborstenen Straßen. Lannier schaltete den Scheibenwischer ein und kümmerte sich nicht darum, daß der Strafzettel wie ein Fensterleder über die Scheibe wischte. Der Clio krachte in ein Schlagloch und der Motor erstarb unter den hochspritzenden Wassermassen. Lannier fluchte, stieg aus und wurde klatschnaß, während er die Motorhaube öffnete. Er entfernte die Klemmen des Zündverteilers, trocknete das Innere der Plastikkappe mit seinem Taschentuch und steckte sie wieder auf den Metallsockel. Wütend zerrte Lannier den Strafzettel unter dem Scheibenwischer hervor, zerknüllte das, was noch davon übrig geblieben war und warf es fluchend in das Schlammloch, in dem der Clio steckte. Er rutschte wieder hinters Lenkrad und startete den Anlasser. Nach einigen Zündaussetzern erwachte der Vierzylinder zu neuem Leben. Lannier atmete auf und steuerte den Clio von nun an vorsichtig durch die Untiefen, deren Wasser kleine Bugwellen vor den Rändern aufspritzen ließen. Zwei Kilometer weiter hörte der Regen schlagartig auf und die Sonne kam glühend heiß hinter einer Wolke hervor. Der Motor lief zwar jetzt rund, aber der Rest war völlig aus den Fugen geraten, überlegte Lannier. Er wußte, daß er gehörig in der Klemme saß. Margoux wurde sicherlich längst vermisst, der BMW war ein Wrack, das Geld verprasst und er selbst wahrscheinlich längst auf der Fahndungsliste von diesem Verlaine, der ihm schon damals nicht den Trick mit dem bandagierten Fuß abgenommen hatte, von diesem idiotischen Studenten ganz zu schweigen, dem er den Wagen geklaut hatte. Der konnte bestimmt ein sehr zutreffendes Fahndungsbild liefern. Was er jetzt dringend brauchte war Geld. Und zwar reichlich! Genug jedenfalls, um sich ein paar Wochen abzusetzen, bis Gras über die Sache gewachsen war.

Er erreichte die Uferstraße von St. Cyr, an dessen Rand sich eine endlose Blechlawine parkender Autos ergoß. Endlich entdeckte er eine Möglichkeit, wo er den Wagen hinstellen konnte. Lannier legte den Rückwärtsgang ein und bugsierte den gelben Clio in die enge Lücke zwischen einem silbergrauen Astra und einem Citroën Pluriel, deren Besitzer wahrscheinlich bereits am Strand von St. Cyr auf ihren Bastmatten lagen und sich literweise Sonnenmilch auf die bleiche Haut gecremt hatten, um sich vor der sengenden Sonne zu schützen, die von einem wolkenlosen tiefblauen Himmel auf den glühend heißen Sand brannte. Lannier stieg aus und nahm die Plastiktüte von Leclerc vom Beifahrersitz, in dem sich seine Habseligkeiten befanden. Ein Paar Handschuhe, eine Skimütze, eine Taschenlampe und ein Tütchen kolumbianischen Shit, der gerade noch für einen Joint reichte. Er vergewisserte sich, daß das Klappmesser in seiner Hosentasche steckte und stapfte zum Strand hinunter, wobei er eine Art Stepptanz aufführen mußte, damit er nicht auf eines der Badelaken trat, auf denen sich Touristen aus ganz Europa breit gemacht hatten. Lannier setzte seine Sonnenbrille auf und warf in aller Ruhe einen Blick auf die Frauen, die ihr Bikinioberteil abgelegt hatten und nun barbusig, mit einer Zeitschrift zum Schutz gegen die grelle Sonne über den Augen, apathisch in der Hitze brieten. Nach hundert Metern Zickzacklauf den Strand hinunter, immer hart am Wasser entlang, das grünlich-blau und träge wie Olivenöl in der gleißenden Sonne glitzerte, hatte er gefunden, wonach er gesucht hatte. Lannier kletterte über die Felsbrocken hinweg, die die Urgewalten wie Streuselzucker auf einem Geburtstagskuchen am Ufer aufgetürmt hatten und fand ein schattiges Plätzchen unter einem Felsvorsprung, wohin das Wasser noch nicht gedrungen war. Lannier hockte sich hin, presste seinen Rücken an den heißen Felsen und begann sich aus den letzten Krümeln des Kolumbianers einen Joint zu drehen.

Er inhalierte tief und bald darauf war ihm die Hitze und der Shit in den Kopf gestiegen. Ihm wurde schwindelig und er hatte Durst. Wenn er die Augen schloß, sah er ein Kaleidoskop explodierender Farben. Das Lachen der spielenden Kinder und die Rufe der besorgten Mütter drangen nur gedämpft, wie durch einen Nebel, an sein Ohr und waren verzerrt, als würde eine Schallplatte mit falscher Geschwindigkeit abgespielt. Lannier streckte sich stöhnend im Sand aus und nahm unbewußt die Embryonalhaltung wie ein Fötus im Mutterleib ein, bedeckte sein Gesicht mit der Plastiktüte und war kurz darauf eingeschlafen.

Spät abends, die Sonne war bereits untergegangen und der Mond spiegelte sich in der glatten See, deren Wellen träge ans Ufer klatschten, wachte er von der Musik auf, die ein paar junge Burschen auf ihren Gitarren fabrizierten. Sie saßen um ein Feuer und sangen mehr schlecht als recht Chansons von Jaques Brel. Lannier taumelte hoch, er war durstig und hungrig. Dann fiel ihm ein, daß der Student eine Flasche Badoit auf dem Rücksitz des Clio vergessen hatte. Schlaftrunken und mißmutig erreichte er den Wagen, schloß auf, warf sich auf den Fahrersitz und angelte nach der Wasserflasche, öffnete den Plastikdeckel und ließ das lauwarme Naß durch seine Kehle rinnen. Lannier hatte in seinem Rausch von einer goldenen Zukunft geträumt. Er wußte, daß er nur noch eine Chance hatte, an Geld zu kommen. In der Villa, in der er dem schlafenden Mann die Rolex vom Nachttisch gestohlen hatte, gab es einen Tresor, den Margoux im Arbeitszimmer entdeckt hatte. Ein graues altmodisches Monstrum aus Gußeisen, etwa so groß wie ein Kühlschrank, nur besser gefüllt, kicherte Lannier in sich hinein, immer noch high. Er würde diesen Knaben zwingen, den Tresor zu öffnen, ihm anschließend den Hals umdrehen, damit er ihn nicht verpfeifen konnte und dann so schnell wie möglich verschwinden.

Die Villa mit dem idyllischen Namen Rose Noir lag etwas abseits der Straße, die von La Cadière d'Azur nach Le Beausset

führt, ein Stück einen Berg hinauf, am Rande eines verwilderten Weinbergs. Es war zwei Uhr morgens, als Lannier den Clio in einer Biegung des Weges parkte, der direkt zu dem ockerfarbenen Haus führte, dessen Schlagläden geschlossen waren. Lannier stieg aus, lauschte und hörte außer dem monotonen Zirpen der Grillen keinerlei Geräusche. Er zog die Handschuhe an, stülpte die Skimütze mit den Sehschlitzen über den Kopf, steckte die Taschenlampe und das Klappmesser ein und schnappte sich den Wagenheber des Clio, den er im Kofferraum unter dem Ersatzreifen gefunden hatte. Vorsichtig näherte sich Lannier dem Haus und war froh, als er den Jaguar sah, der am Fuße einer Steintreppe parkte.
Der Kerl ist also da, frohlockte Lannier und hatte nach wenigen Schritten das Kellerfenster gefunden, durch das Margoux und er eingestiegen waren. Wieder hatte jemand vergessen, den Riegel vorzuschieben, der das Fenster sichern sollte. Es ließ sich leicht so weit mit dem Fuß bewegen, bis die Öffnung groß genug war, daß sich Lannier hindurch zwängen und auf den Kellerboden fallen lassen konnte. Er schob das Fenster von unten mit dem Wagenheber zu und knipste die Taschenlampe an. Der Lichtstrahl der Lampe glitt über Gerümpel aus zerborstenen Stühlen, Tischen ohne Platte und zerschlissenen Sofas. Lannier spielte einen kurzen Moment mit dem Gedanken, den Sperrmüll anzuzünden, um den kahlköpfigen Besitzer der Villa und seine kugelrunde Gattin aus dem Bett zu jagen und ihn durch den Überraschungsangriff außer Gefecht zu setzen, bevor die Beiden auf die Idee kamen, die Polizei zu rufen. Lannier verwarf diesen Gedanken aber so schnell, wie er gekommen war, tastete sich vorsichtig die Kellertreppe hinauf und gelangte in ein Foyer, von dem rechts und links Steinstufen in die erste Etage führten. Lannier konnte sich dunkel daran erinnern, daß die linke der beiden Treppen in die Hälfte der Villa führte, in der das Schlafzimmer der Bewohner lag.

Von dort war es nur ein Katzensprung in das Büro, in dem der Tresor stand, der hoffentlich das enthielt, was Lannier brauchte, um eine neue und sorgenfreie Existenz, weit weg von St. Cyr, aufzubauen. Er verharrte reglos vor der Schlafzimmertür und lauschte auf die Geräusche, die aus dem Zimmer drangen. Außer einem rasselnden Pfeifen, das darauf schließen ließ, daß die Bewohner friedlich schliefen und in ihren Träumen nicht damit rechneten, bald brutal geweckt zu werden, war nichts zu hören. Lannier drückte vorsichtig die Klinke herunter und trat ein, als er sicher war, daß ihn niemand bemerkt hatte. Nachdem er sich an die Dunkelheit gewöhnt hatte, konnte er zwei Gestalten unterscheiden, die im Bett lagen und sich die Decken, trotz der schwülwarmen Nacht, bis zur Nasenspitze hochgezogen hatten. Lannier holte das Messer aus der Tasche und ließ es aufschnappen. Wie von Geisterhand flammte das Licht der Deckenleuchte auf und er verharrte schreckerstarrt, als er sah, wie der Hausherr die Decke beiseite warf, sich hochwuchtete und den bläulich schimmernden Lauf einer Beretta auf ihn richtete.

Siebenundzwanzig

26. Juli. 16:43 Uhr. Arnoult starrte auf die roten Ziffern der Digitaluhr über seinem Bett und versuchte die Schmerzen wegzuatmen, die sich in seinem bandagierten Brustkorb breit machten. Vor einer Stunde war er mit Giselles Hilfe aufgestanden und an ihrem Arm die paar Schritte bis zu dem Stuhl gewankt, in dessen Sitzfläche eine Schüssel eingelassen war, in die er sich entleeren konnte. Giselle hatte leise die Türe hinter sich geschlossen, nachdem er sich unter Ächzen und Stöhnen hingesetzt hatte. Dort verharrte er eine halbe Stunde regungslos, immer bemüht, das Bewußtsein nicht zu verlieren, bevor es ihm gelang vier Tropfen zu urinieren. Giselle erlöste ihn von seiner Pein und half Arnoult, sich wieder auf das Bett zu setzen. Dann stützte sie ihn, während er sich in die Kissen sinken ließ.

Giselle, sie sind ein Schatz, flüsterte Arnoult und bat um eine Schmerztablette.

Die darf ich ihnen noch nicht geben, sonst haben sie die Tagesdosis überschritten, d'accord?

Arnoult nickte ergeben und schloß die Augen. Wieder hörte er das agressive Röhren des Motors, das sich in seinem Gedächtnis eingebrannt hatte und seit dem Unfall nicht mehr los ließ. Später dann das Bersten von Metall, roch das verbrannte Öl und sah Suzannes blutüberströmtes Gesicht. Abgelöst von blau-rot zuckenden Blitzen des Krankenwagens, dem zwei Sanitäter entstiegen, die Suzanne auf eine Trage legten. Die kummervollen Gesichter, die ihm sagten, daß jede Hilfe zu spät kommt. Das Dröhnen des Hubschraubers hatte ihn kurz aus seiner Bewußtlosigkeit erlöst, bevor er wieder in diesen schmerzhaften Dämmerzustand zwischen Wachen und Träumen versunken war.

Endlich der Tropf über seinem Bett und die Nadel, die in seinem Arm steckte. War das die Buße, die ihm das Schicksal für seine Schuld an Suzannes Tod auferlegt hatte?
Arnoult stöhnte auf und starrte wieder auf die Ziffern der Digitaluhr. Die Narbe auf seiner Stirn pochte und er hatte Durst. Es war 00:32. Die Nacht senkte sich über Marseille, Liebespaare flanierten über die Cannebière, die Fischer im Alten Hafen kontrollierten ein letztes Mal ihre Netze und der Mond spiegelte sich in den trägen Fluten des Mittelmeeres, die leise wispernd Muscheln an den Strand spülten.
Die Tür öffnete sich. Jemand huschte im Arztkittel mit einem Stethoskop um den Hals in das Zimmer und näherte sich mit raschen Schritten dem Bett, in dem Arnoult mit fiebrig glänzenden Augen auf seine Schmerztablette wartete.
Das Kopfkissen, das einen Augenblick später auf sein Gesicht gedrückt wurde, nahm ihm jäh die Luft zum Atmen. Er röchelte, riß die Arme hoch und packte das weiche Federzeug. In dem Moment, als er spürte, wie ihm die Sinne schwanden und er in den ewigen Schlaf zu taumeln drohte, hörte er, wie sich die Tür öffnete.
Herr Gott, was machen sie denn da, sind sie verrückt geworden? schrie Giselle, während das Licht aufflammte, die Gestalt in dem Arztkittel hochschreckte, aufsprang, Giselle zu Boden riß und aus dem Zimmer stürmte.
Kommissar Arnoult, hören sie mich? Giselle keuchte, als sie sich über das Bett beugte.
Haben sie gesehen, wer das war? Arnoult röchelte heiser, während er nach Luft schnappte.
Nein, dazu ging alles viel zu schnell. Ich glaube, daß es ein Mann war, der versucht hat sie umzubringen, aber ich könnte beim besten Willen nicht sagen, wie er aussah.
Sagen sie diesem Roubaix Bescheid, daß ich nicht spinne, sondern einem Attentat zum Opfer gefallen bin ... sagen sie ihm das bitte! flehte Arnoult und ließ sich erschöpft in die Kissen sinken.

Achtundzwanzig

Chère Celine,
ich möchte dieses Geheimnis, das ich schon so lange mit mir herumtrage und mir so viel Verdruß bereitet, endlich mit dir teilen.
Aristide ist nicht der Sohn des alten Heroult. In der Nacht, als ich ihm den Picasso brachte und mit ihm schlief, um ihn dazu zu bringen mir das Bild abzukaufen, hatte ich meine Regel. Sie war bereits soweit abgeklungen, daß ich nicht mehr blutete, als er in mich eindrang ...
Der Vater des Kindes ist der damalige Vizekonsul Alphonse Didier, der mich trotz seines angetrunkenen Zustands vergewaltigt hat, als ich ihn in der Nacht vor meiner Abreise besuchte, weil ich ihm das Visum abschwatzen wollte, das ich so dringend benötigte, um nach Argentinien zu fliehen.
Die einzige Genugtuung, die mir bleibt, ist die Tatsache, daß ich ihm nicht nur das Visum, sondern auch eine beträchtliche Summe Bargeld und etliches an Schmuck und Silber entwenden konnte, nachdem er, auf mir liegend, eingeschlafen war. So hatte ich in Argentinien, schwanger wie ich war, die Möglichkeit, ein kleines Zimmer zu mieten und bis zur Niederkunft von dem Schatz zu leben, den ich geraubt hatte. Natürlich habe ich Heroult in dem Glauben gelassen, daß er der Vater meines Kindes sei. Sollte er ruhig dafür büßen, daß er mich nicht unterstützt hat, als ich alleine und mittellos in Marseille auf das Visum hoffte. Und noch etwas ist mir gelungen! Ich habe das Bild gefälscht, das ich Heroult verkauft und als Picasso ausgegeben habe.
In der Zeit, als ich Picasso Modell stand, konnte ich mir einige Maltechniken abgucken. Außerdem habe ich die Umrisse

der Figuren des Gemäldes aus einem seiner zahlreichen Skizzenbücher kopiert, die offen herumlagen, während ich in seinem Atelier auf ihn wartete ...

Arnoult seufzte, als er den Brief beiseite legte: Ach, Liebes, du tust mir leid, dich hat das Schicksal herumgeschubst, zwei skrupellose Schweine haben sich an dir vergriffen und du mußt dir jetzt einreden, daß du die Sache trotzdem im Griff hast. Was für eine traurige Geschichte ... Vielleicht ist es das, was die Selbstachtung wenigstens ein Stück wieder herstellt, wenn man sich rächt und der Welt den verlängerten Rücken zeigt.

Todmüde schloß er seine Augen, dämmerte ein wenig und schreckte erst wieder hoch, als sich die Türe öffnete und Giselle in das Krankenzimmer trat. Sie schob eine Art Servierwagen aus Metall vor sich her, auf dem sich Mullbinden, Verbandspflaster, Einwegspritzen und Medikamente türmten.

Wie geht es ihnen Arnoult, haben Sie gut geschlafen?

Behandeln sie mich bitte nicht wie ein Kind, Giselle, mir geht es wirklich besser. Woher haben sie diesen Brief? erwiderte Arnoult schroff.

Alles was ich hier mache, ist nur zu ihrem Besten, entgegnete Giselle spitz.

Das weiß ich doch, lenkte Arnoult ein, aber jetzt sagen sie schon, wer hat ihnen das hier gegeben? Er hielt ihr den Brief entgegen.

Giselle kappte die Glasspitze einer braunen Ampulle und tauchte die Nadel einer Spritze in die Flüssigkeit, bevor sie die Medizin mit dem Kolben aufzog. Sie streifte den Ärmel seines Schlafanzugs hoch und setzte die Nadel der Thrombosespritze an.

Jetzt müssen wir tapfer sein, Kommissar, lächelte sie, als sie zustach.

Der Einzige, der hier tapfer sein muß bin ich! Wann darf ich endlich aufstehen und ein paar Runden auf dem Flur drehen

und wer, verdammt noch mal, hat ihnen den Brief gegeben? fauchte Arnoult wütend.
Jetzt regen sie sich doch nicht so auf, Arnoult, das ist nicht gut für ihren Blutdruck, versuchte Giselle ihn zu beruhigen und fuhr fort: Eine große stattliche Frau, die aussah wie eine Aztekin, war heute morgen hier, hat mir den Umschlag gegeben und mich gebeten, den Brief an sie weiter zu reichen. Da sie noch schliefen, habe ich ihnen die Post auf den Nachttisch gelegt.
Danke, murmelte Arnoult erschöpft.
Und was das Aufstehen betrifft, werde ich mit dem Chefarzt reden, d'accord?
Wenn ich sie nicht hätte, grinste Arnoult müde.
Bis bald, lächelte Giselle und verschwand mit ihren Utensilien aus dem Zimmer.
Madame Pirez ... Sie wußten also schon lange, daß sie nicht die rechtmäßigen Erben waren und das der Picasso eine Fälschung ist. Sie wußten es bereits, als sie aus Argentinien nach St. Cyr kamen. Steckten Sie womöglich mit Heroult unter einer Decke?
Wollten die beiden ungleichen Brüder zweimal abkassieren? Einmal durch Versicherungsbetrug, ein zweites Mal beim Verkauf des Bildes auf dem Schwarzmarkt?
Hat es einen Streit gegeben, bei dem Pirez seinen Anteil verlangte und dann bei der Auseinandersetzung einen Herzinfarkt bekam? Jetzt, wo sie unter Mordverdacht stand, plagte die Witwe das schlechte Gewissen! Andererseits, warum sollten sie den Picasso stehlen?
Gingen beide davon aus, daß sie sich anderweitig schadlos halten mußten? Oder wollten sie den gefälschten Picasso nicht erneut durch einen Sachverständigen prüfen lassen? Wer sagt denn, daß die Pirezs den Picasso hinter den Schrank geschoben haben? Vielleicht wollte Heroult ihnen den Raub in die Schuhe schieben? Dann mußte Pirez sterben, damit die Polizei den Picasso findet! Aber wer hat ihn umgebracht? Womög-

lich seine Frau, die den ganzen Batzen alleine erben wollte? Vielleicht war dieser Professor wirklich nur ein Erbschleicher, der sich bei Heroult bedienen wollte? War der alte Knabe vor lauter Aufregung gestorben, weil er diese Lügengeschichten nicht mehr aushielt? grübelte Arnoult im Stillen. Zwar ist der Kopf rund, damit die Gedanken, beim Denken die Richtung ändern können, und man so die Dinge ausgiebig von allen Seiten betrachten kann, aber Eines steht fest: Ich muß hier raus, und zwar so schnell wie möglich, damit ich dieser ganzen verdammten Bande mal richtig auf den Zahn fühlen kann! Arnoult fühlte sich nach Tagen endlich wieder stark genug, sein Schicksal selber in die Hand zu nehmen.

Neunundzwanzig

Der Raum war etwa zwölf qm groß, blaugrün gestrichen, fensterlos und mit einer grauen Stahltür verschlossen. Bis auf eine eiserne Liege, die gegenüber der Tür stand, war die Zelle leer. Die Farbe an den Wänden warf Blasen, blätterte an einigen Stellen ab und gab den Blick auf rissigen Zementputz frei, in den die Gefangenen ihren Namen eingeritzt hatten.
Lannier lag auf der Pritsche, die Beine übereinandergeschlagen, in Jeans und T-Shirt und starrte an die Decke, von der eine Glühlampe ohne Schirm herunterbaumelte, die den Raum in ein mattes gelbes Licht tauchte. Er teilte sich die Zelle mit mehreren Fliegen, die wie irrsinnig um die Lampe kreisten und die stickig heiße Luft mit einem nervtötenden Brummen füllten.
Lannier hörte, wie sich ein Schlüssel im Schloß drehte und ein Riegel zurückgeschoben wurde. Dann öffnete sich die Tür und Roubaix stand im Rahmen.
Aufstehen, Lannier, Zeit für eine Gegenüberstellung!
Lannier verzog angewidert sein Gesicht und drehte sich demonstrativ zur Seite.
Na, komm' schon, mein Freund, wenn du brav bist, spendier' ich dir vielleicht sogar eine Zigarette, grinste Roubaix, betrat den Raum und versetzte Lannier einen Stoß in die Rippen.
Lassen sie mich in Ruhe, Roubaix, und besorgen sie mir lieber einen Anwalt. Lannier legte sich auf den Rücken und verschränkte die Arme vor seiner Brust.
Wir haben dich auf frischer Tat ertappt. Wenn du gestehst, bleibt noch Zeit genug, dir einen Rechtsverdreher zu besorgen. Also, komm' schon, hoch mit dir.
Lannier gehorchte. Er richtete sich auf, fuhr sich mit der Hand durch sein langes Haar und folgte Roubaix, der bereits vor-

gegangen war. Erst jetzt bemerkte er Sergeant Verlaine, der einen schwarzen Polizeiknüppel in seiner feisten Hand hielt, die nervös auf und nieder wippte. Kaum sah er Lannier, stieß er ihm den Stock so fest in die Seite, daß dieser wie ein Fisch auf dem Trockenen nach Luft schnappte.
Das ist dafür, daß du mich angelogen hast mit deinem Hinkefuß, und jetzt pass' auf, daß ich nicht endgültig die Geduld verliere, sonst geht es dir schlecht, mein Freund, flüsterte Verlaine. Lannier wurde es schwarz vor Augen. Er hatte nur ein trockenes Stück Baguette und eine Tasse dünnen Kaffee zum Frühstück bekommen. Ihm fehlte ein guter Joint, oder zumindest eine Zigarette, damit er wieder einigermaßen auf Touren kam. Und nun das hier! Lannier entschied blitzschnell, daß es besser für ihn war, wenn er parierte. Er atmete kräftig durch, reckte sich, und trabte den Gang entlang, der von einer flackernden Neonröhre notdürftig beleuchtet wurde. Sie erreichten eine Treppe, die ins Erdgeschoß der Präfektur führte. Kaum waren sie in seinem Büro, öffnete Roubaix eine der Schreibtischschubladen und fischte ein paar Handschellen heraus, die er Lannier anlegte und wortlos zuschnappen ließ.
Dann sah er nach Madame Bertrand, die im Nebenraum in einem schwarzen Kleid und gleichfarbigem Hut und Mantel auf einer Stuhlkante hockte und darauf gewartet hatte, daß man sie rief.
Ist einer der hier anwesenden Männer derjenige, der in der Villa St. Fleurie zusammen mit seinem Chef die Alarmanlage montiert hat? Roubaix deutete auf drei Gestalten, die sich in Reih und Glied neben dem Schreibtisch aufgestellt hatten. Rechts und links von Lannier standen Sergeanten aus Signe, die Roubaix gebeten hatte, sich als Arbeiter zu verkleiden. Einer der Polizisten, mit kurzen, nach hinten gekämmmten schwarzen Haaren, schien den Auftrag besonders ernst genommen zu haben. Er trug eine zerbeulte Jogginghose und eine verwaschene Trainingsjacke. In seinem Gesicht hatte eine Sauftour ihre Spuren hinterlassen. Der Andere, ein Blondschopf, hatte sich

in eine mit Farbresten bekleckerte Latzhose gezwängt, darunter lugte ein quittegelbes T-Shirt hervorvor. Er lächelte wie ein Honigkuchenpferd. Ihm schien die ganze Angelegenheit Spaß zu machen. Lannier hingegen hatte sich mit leichenblassem und schmerzverzerrtem Gesicht an die Wand gelehnt und harrte schicksalsergeben der Dinge, die da kommen sollten.

Ich glaube schon, nickte Madame Bertrand, als sie Lannier einen Augenblick lang betrachtet hatte.

Was heißt das? Sind sie sich sicher, oder glauben sie nur, daß er es ist? hakte Roubaix nach.

Er ist es, erwiderte sie mit fester Stimme und deutete auf Lannier.

Na schön ... In der Nacht, als ihr Mann ermordet wurde, haben sie kurz nach dem sie gehört hatten, daß es zu einem Zweikampf kam, ein Auto wegfahren sehen. War es einer dieser Lieferwagen? fragte Roubaix und reichte ihr einige Bilder, auf der ein weißer Renault Rapid, ein zerbeulter Ford Transit und ein zitronengelber Berlingo von allen Seiten abgelichtet waren. Madame Bertrand betrachtete die Bilder eine Weile und nickte dann.

Ja, das ist der Wagen. Sie zeigte auf den Rapid. Dieser Mann da trug eine Wollmütze, sagte sie und nickte in Richtung Lannier. Aber ich habe sein Gesicht im hellen Mondschein gesehen, als er neben dem Auto stand. Er trug einen Kasten unter dem Arm, den er auf das Dach des Wagens legte, um die Tür aufzuschließen. Dann hat er sich den Kasten geschnappt, ist hastig eingestiegen und losgefahren. Er hatte es so eilig, daß die Räder durchdrehten.

Die lügt wie gedruckt, die Alte! zischte Lannier wütend.

Und warum ist ihnen das nicht schon eingefallen, als wir sie zum ersten Mal verhört haben? warf Roubaix, zu Madame Bertrand gewandt, ungerührt ein.

Ich war so durcheinander ... mein Mann erschlagen, und dann auch noch der Picasso weg. Ich dachte, daß ich das nur geträumt hätte, erwiderte Madame Bertrand mit leiser Stimme.

Sind sie sicher, daß das der Mann war, den sie gesehen haben? Roubaix bohrte nach.
Du hast meinen Mann umgebracht, schluchzte sie und verbarg ihr Gesicht hinter einem Taschentuch, daß sie aus ihrem Mantel genestelt hatte.
Und der Picasso? Haben sie gesehen, daß Lannier ein Bild bei sich hatte?
Nein, schniefte sie, ich glaube, daß die Witwe Pirezs in die Galerie gerannt ist und in dem ganzen Durcheinander das Bild an sich genommen hat. Schließlich haben sie den Picasso doch in ihrem Zimmer gefunden, oder? Sie schneuzte sich mit dem tränennassen Taschentuch.
Das werden wir sehen, Madame Bertrand. Jetzt beruhigen sie sich doch bitte erst einmal. Sergeant Verlaine wird sie hinausbegleiten. Möchten sie ein Glas Wasser?
Nein, danke, bemühen sie sich nicht, ich finde alleine hinaus, flüsterte sie, stand auf und verließ grußlos das Büro.
Lannier hatte Mühe, sich im Zaum zu halten. Er ballte die Fäuste in der Tasche und starrte wütend hinter der Frau her. Hätte man ihn gelassen, er hätte ihr den Hals umgedreht.
Setzen sie sich Lannier. Zigarette? Roubaix deutete auf einen Stuhl, der vor dem Schreibtisch stand. Die anderen können gehen, fügte er an.
Bringen sie mich hier heraus, ich möchte einen Anwalt! Lannier steckte die Fäuste noch tiefer in seine Taschen.
Da scheinen sie ja einiges zu verbergen zu haben, wenn sie jetzt schon einen Anwalt wollen, grinste Roubaix und ließ sich auf seinem Bürostuhl nieder, streckte die Füße aus, klopfte eine Gauloise aus der Packung, entzündete den Glimmstengel und nahm einen tiefen Zug, bevor er den Rauch in Richtung Lannier ausstieß.
Geben sie mir auch eine, bat Lannier und setzte sich resigniert auf den Stuhl, den ihm Roubaix angeboten hatte.
Verlaine nahm eine Zigarette aus dem Päckchen, daß Roubaix ihm hinhielt, klemmte sie Lannier zwischen die Lippen

und gab ihm Feuer. Wortlos setzte sich Verlaine an die elektrische Schreibmaschine und harrte der Dinge, die da kommen sollten.

Geben sie zu, daß sie und Margoux in den letzten drei Monaten in sechs Häuser eingestiegen sind und Diebesgut im Wert von etwa sechzigtausend Euro entwendet haben?

Das müssen sie erst einmal nachweisen, grinste Lannier selbstgefällig.

In jeder dieser Villen waren sie als Elektriker tätig. Sie haben die Sicherheitsanlagen montiert oder gewartet. Kannten sich also bestens aus und haben sie außer Betrieb gesetzt, bevor sie dort eingestiegen sind. Roubaix blätterte einen Ordner durch, in dem die Aktennotizen seiner Recherchen abgeheftet waren. Er nahm die Bilder der Villen aus einer Klarsichthülle und breitete sie einzeln nebeneinander auf dem Schreibtisch aus, sodaß sie Lannier sehen konnte.

Es war Margouxs Idee, ich war nur sein Angestellter. Ich hatte Angst um meinen Job. Er drohte mir, mich rauszuschmeißen, wenn ich nicht mitmache, lenkte Lannier mit zerknirschter Stimme ein.

Ach so, sie sind einfach nur das arme Schwein, das nichts dafür kann, daß es andere Leute bestiehlt, höhnte Roubaix.

Er hat mich gezwungen, der Mistkerl! Meinen Lohn habe ich nur bekommen, wenn ich ihm bei den Einbrüchen geholfen habe! Lannier bebte vor Zorn.

Haben sie das notiert, Verlaine?

Dreißig

Verlaine nahm einen frischen Bogen Papier, schüttelte den Kopf, als er das Blatt in die Schreibmaschine einspannte und hieb dann unverdrossen auf die Tastatur ein, bis er den letzten Satz notiert hatte. Dann nickte er Roubaix zu und starrte Lannier herausfordernd an.
Kommen wir zu ihrem Kumpel Margoux, den sie erschlagen haben, weil er nicht mit ihnen teilen wollte.
Sind sie verrückt geworden, das war Pech, der ist von der Leiter gekippt und muß sich dabei das Genick gebrochen haben, schrie Lannier und stoppte jäh, als er begriff, daß er sich verraten hatte.
Sie geben also zu, in der Ziegenhütte oben im Wald von Cadenet gewesen zu sein, fragte Roubaix und grinste zufrieden. Nicht mehr lange, und er hatte den Kerl endgültig überführt, dachte er erleichtert. Dann frage ich mich, woher Margoux den Stiefelabdruck am Kinn hat. Den muß er sich also auch bei dem Sturz zugezogen haben, oder? Roubaix triumphierte.
Lannier schaute ihn irritiert an. Hören sie, das war ein Unfall, Margoux konnte nicht schnell genug die Leiter heraufkommen, um mich um meinen Anteil zu betrügen ...
Und der Matisse, den er im Arm hielt? Haben sie nicht erkannt, daß es sich dabei um ein wertvolles Gemälde handelt?
Wie bitte, davon weiß ich nichts! Ich interessiere mich nicht für Kunst ... Was weiß ich, was Margoux noch gebunkert hatte.
Dann haben sie natürlich auch mit dem Picasso nichts zu schaffen, der in der Villa St. Fleurie abhanden gekommen ist. Roubaix lächelte ironisch.

Ich hab's doch schon gesagt, ich habe mit dem Einbruch in der Villa nichts zu tun! flüsterte Lannier mit brüchiger Stimme. Mich interessiert, wie du an den Schürhaken gekommen bist, mit dem du dem alten Bertrand den Schädel zertrümmert hast! setzte Roubaix nach.
Mein Gott, Schürhaken, geklauter Picasso, sind denn jetzt alle verrückt geworden! Ich sag' gar nichts mehr, ich will meinen Anwalt, zischte Lannier wütend und nahm hastig einen Zug seiner Zigarette.
Paß mal auf, Lannier, ich werde dich dran kriegen ... und zwar für den Einbruch in sechs Villen, den Mord an dem Hausmeister und weil du deinen Kumpel Margoux erschlagen hast. Haben wir uns verstanden? Roubaix war die Ruhe selbst und drückte seine Zigarette in dem Aschenbecher aus.
Pah, der Mord an dem Hausmeister, diesem Bertrand? Das war Heroult! Der reiche Pinkel hat auch den Picasso beiseite geschafft, da bin ich mir sicher. Er wollte uns die Sache in die Schuhe schieben!
Das hast du dir ja fein ausgedacht, Lannier! Du bist in der Nacht vom 11. auf den 12. Juni durch das Kellerfenster in die Villa St. Fleurie eingestiegen, hast die Alarmanlage außer Kraft gesetzt und bist zur Galerie hoch gestiegen. Dabei mußt du soviel Lärm gemacht haben, daß Bertrand wach geworden ist. Er hat dich dabei überrascht, wie du die Besteckschatulle gestohlen hast. Du bist geflüchtet und hast dich verlaufen. Dabei bist du ins Wohnzimmer gerannt und hast in deiner Panik diesen Schürhaken geschnappt. Oben auf dem Treppenabsatz schrie Bertrand. Er hatte dich erkannt und du mußtest ihn deswegen aus dem Weg räumen. Also bist du wieder die Treppe hoch und hast Bertrand mit dem Schürhaken erschlagen, bevor du durch die Eingangstür getürmt bist! War es nicht so, Lannier? Roubaix ließ sich erwartungsvoll in das Polster seines Bürostuhls sinken.
Nein ... nein, so ein Schwachsinn, den Mord und den Einbruch könnt' ihr mir nicht anhängen. Ich will ihnen mal was sagen, ich

habe diesen Heroult angerufen und ihm gedroht, daß ich wüßte, daß er Bertrand umgebracht und den Picasso beiseite geschafft hat, schrie Lannier. Er fuhr fort, nachdem er sich ein wenig beruhigt hatte: Meine Version ist eine ganz andere, Inspektor. Der Typ hatte den Picasso unter dem Arm, als ihn Bertrand gehört hat. Der wollte den Alten loswerden, damit der nicht erzählen konnte, daß sein Chef dabei war, die Versicherung zu betrügen. Dazu paßt auch, daß er den Schürhaken benutzt hat, um den Mann zu töten. Er hatte bestimmt kein Werkzeug dabei, als er sein eigenes Bild gestohlen hat. Da ist er ins Wohnzimmer gerannt und hat den Schürhaken geholt, weil er wußte, daß das Ding da war, schwer und spitz, genau richtig, um jemanden den Schädel einzuschlagen! ... Ich will ihnen noch etwas erzählen, fuhr Lannier triumphierend fort, nachdem er nach Luft geschnappt hatte. Mir ist schon lange klar, daß Heroult seine Finger im Spiel hatte. Deshalb habe ich ihn angerufen und erpreßt. Ich wollte einhunderttausend Euro von ihm, damit ich das, was ich ihnen eben erzählt habe, nicht schon eher zum Besten gab. Er hat von mir einen Schlüssel bekommen, für ein Schließfach im Gare de Lyon, in dem er das Geld deponieren sollte.
Und, hat er gezahlt? Roubaix gähnte gelangweilt.
Nein, aber er hat versucht, mich umzubringen. Ein blauer Renault Alpine hat mich auf der Fahrt nach Marseille von der Straße gedrängt.
So, so, ein blauer Renault Alpine? Wann war das?
Lannier begann zu schwitzen. Wenn herauskäme, daß er nach seinem Unfall diesem Studenten den Clio gemopst und ihm vorher fast die Nieren zertreten hatte, dann blühten ihm noch ein paar Jährchen.
Tja ... das war so ... ich wollte nach Marseille fahren, um das Geld abzuholen, da bin ich oben in den Bergen von diesem Renault von der Straße gedrängt worden ... begann Lannier zögerlich.
Erzähl das dem Haftrichter, ich verhafte dich wegen Mordes in zwei Fällen, schwerem Diebstahl und dem Versuch der räube-

rischen Erpressung. Da kommt einiges zusammen, nicht wahr, Lannier? Es ist besser für dich, wenn du geständig bist, das mindert die Haftstrafe. Da kannst du jetzt lange drüber nachdenken. Sergeant Verlaine, bringen sie den Mann bitte zurück in seine Zelle. Roubaix vertiefte sich wieder in seine Unterlagen, ohne Lannier noch eines Blickes zu würdigen.
Der Sergeant stand auf und zerrte Lannier hoch, der zusammengesunken auf seinem Stuhl hockte.
Los, mach' schon ... zischte Verlaine und rammte ihm den Knüppel zwischen die Rippen.
Widerstandslos trottete Lannier vor ihm her. Verlaine öffnete die Arrestzelle und stieß Lannier hinein, der sich auf die Pritsche warf und dort regungslos liegen blieb. Verlaine schloß ab, schneuzte sich in ein riesiges Taschentuch und stapfte gemächlich in das Vernehmungszimmer zurück, in dem Roubaix immer noch an seinen Schreibtisch saß und grübelte.
Sagen sie mal, Verlaine, sie haben doch diese Aussage des Zeugen aufgenommen, der Kommissar Arnoult gerettet hat, oder nicht?
Sicher Chef, worauf wollen sie hinaus?
Hat der Mann nicht erzählt, er habe beobachtet, wie Arnoult von einem blauen Renault Alpine bedrängt wurde?
Kann sein, Inspektor, so genau weiß ich das nicht mehr. Verlaine zuckte mit den Achseln.
Vermutlich irgend ein Verrückter, der die Landstraßen in den Bergen mit dem Circuit Paul Ricard verwechselt, spottete Roubaix und deutete auf das Poster, das über seinem Schreibtisch hing. Gut möglich, daß unser Kollege Arnoult die Nerven verloren hat, als er den Wagen wie eine wilde Hummel hinter sich hörte, fuhr er mit einem ironischen Grinsen fort.
Und Lannier? warf Verlaine ein.
Dieser Trottel wird wohl keine große Herausforderung für unseren Rennfahrer gewesen sein, oder? Roubaix lachte.
Verlaine nickte bedächtig.

Na schön, um diesen Verkehrsrowdy kümmern wir uns später ... Notieren sie Verlaine, wo wir schon einmal dabei sind, einen weiteren Haftantrag.
So, wer ist es denn diesmal?
Madame Pirez, die trauernde Witwe, triumphierte Roubaix. Die Gute hat den Mord an Bertrand genutzt, ist in die Galerie gerannt, hat den Picasso vom Haken genommen und das Bild hinter dem Schrank verstaut. Leider hat ihr Mann die Aufregung nicht verkraftet und daher das Zeitliche gesegnet, schloß Roubaix, sichtlich mit sich zufrieden.
Machen sie es sich da nicht zu einfach Inspektor? Schließlich ist der Professor an einer Überdosis Blutdruck steigender Mittel gestorben ...
Gut, daß sie das sagen, Verlaine! Dann machen wir noch eine Mordanklage daraus. Wer weiß, ob Madame Pirez nicht ein wenig nachgeholfen hat, compris?
Verlaine nickte ergeben und begann zu tippen.

Einunddreißig

Heute ist ihr großer Tag, Arnoult, grinste der Arzt, der in der französischen Version eines Hollywoodklassikers ein hervorragendes Double für Paul Newman abgegeben hätte.
Er schlug die Bettdecke zurück und warf einen prüfenden Blick auf die Gipsbandage, die den Brustkorb des Kommissars umspannte.
Giselle hat ihnen ein paar wunderbare Krücken mitgebracht, mit denen sie ihre ersten Gehversuche starten können, grinste er aufmunternd. Zwei- oder dreimal den Gang rauf und runter, damit ihr Kreislauf wieder in Schwung kommt, das reicht für den Anfang. Was macht der Appetit?
Arnoult starrte auf die Digitalanzeige der Uhr. 23. August, 9:30. Fast vier Wochen war es nun her, daß er diesen verheerenden Unfall in den Bergen hatte. Nein, ein Unfall war es nicht. Ein Unfall ist etwas Unvorhergesehenes, ein Streich, den einem das Schicksal spielt. Etwas, das einen aus der Bahn wirft, wie der Tod Suzannes. Aber dieses Inferno da oben, oberhalb vom Cap Canaille, das war kein Wink der Vorsehung, das war ein kaltblütiges Attentat! Doch wer hatte es auf ihn abgesehen?
Arnoult, sind sie noch bei uns? Der Paul Newman-Verschnitt runzelte mißtrauisch die Stirn.
Was haben sie gesagt?
Freuen sie sich doch Mann, heute geht es raus in die weite Welt! Der Arzt tätschelte aufmunternd seinen Arm.
Wie schön. Arnoult brachte ein schiefes Lächeln zustande.
Giselle, sie wissen diese Premiere zu schätzen, oder? Der Arzt zwinkerte der Krankenschwester zu, als er zur Tür hinausging.

Wir machen folgendes, Kommissar, sie rollen sich auf die Seite und stellen einen Fuß auf den Boden. Dann stütze ich sie ab und gebe ihnen die Krücken, d'accord?
Arnoult nickte. Alles war besser, als in diesem Krankenbett zu vermodern.
Giselle zog die Decke beiseite und Arnoult tat wie ihm geheißen.
Als er schwankend auf beiden Beinen stand, wurde ihm schwarz vor Augen.
Er stöhnte leise und kippte Giselle in die Arme.
Oh lá lá, Monsieur, nicht so stürmisch, lächelte sie und verpasste ihm eine leichte Ohrfeige. Da sind sie ja wieder, der Klaps tut mir leid, aber es ist das Beste für den Blutdruck, keuchte sie, als sie ihm die Krücken in die Hände drückte.
Und jetzt langsam, Schritt für Schritt, einen vor dem anderen!
Arnoult gehorchte. Das Zimmer drehte sich nicht mehr und er schaffte es mit kurzen hinkenden Schritten, den Raum zu verlassen. Dabei machte ihm ein stechender Schmerz in seinem Wadenbein zu schaffen, das mit einem dicken Gehgips bandagiert war.
Giselle stützte ihn und er roch ihren Lavendelduft, der den Geruch nach abgestandenem Essen, Medizin, Blut und Kot, der ihm auf dem Flur entgegenschlug, erträglicher machte.
So, Meister, bis hierher und wieder zurück, sagte Giselle, als sie das Ende des Ganges erreicht hatten und vor einer Fahrstuhltür standen.
Kann ich mich setzten? Arnoult stöhnte laut auf.
Sehen Sie hier eine Bank? Giselle lächelte.
In diesem Moment stoppte der Fahrstuhl und entließ eine ältere Dame, die in ihrem rosafarbenen Morgenmantel in einem Rollstuhl saß und das Gefährt geschickt über das blank polierte Linoleum manövrierte. Sehnsüchtig starrte er der Dame hinterher.
Wann bekomme ich so ein Ding? dachte Arnoult wehmütig, als er sich gestützt von Giselle auf den Rückweg wagte.

Der Rollstuhl stoppte am gegenüberliegenden Ende des Ganges. Er traute seinen Augen nicht, als die Dame wie selbstverständlich aus dem Rollstuhl stieg und die Tür zu ihrem Krankenzimmer öffnete.
Wach' ich oder träum' ich? Arnoult deutete mit einem Kopfnicken auf die Szene, die sich da vor seinen Augen abspielte.
Das ist Madame Valerie, sie hat eine künstliche Hüfte bekommen und darf noch nicht so viel herumlaufen, erklärte Giselle mit einem Augenaufschlag.
Verstehe. Arnoult startete einen erneuten Versuch den Flur entlang zu humpeln.

Zweiunddreißig

Am Morgen des 25. August saß Arnoult aufrecht in seinem Bett und blätterte durch den *Var Matin*, den ihm Giselle nach dem Frühstück gebracht hatte. Eine Schlagzeile ließ ihn innehalten. Atemlos begann er zu lesen:

PICASSO DOCH ECHT

Aix-en-Provence: Das bei einem Einbruch entwendete Gemälde des berühmten spanischen Malers Pablo Picasso wurde dem bekannten Kunstkenner und ausgewiesenen Picassoexperten Prof. Dr. Sabatini, der an der Université d'Aix-en-Provence moderne Malerei lehrt, zur Expertise überbracht. Das Bild, das nach seinem Diebstahl auf mysteriöse Weise im Gästezimmer der Villa St. Fleurie wiedergefunden wurde, zeigt einen Mann mit einem Stierkopf, der ein junges Mädchen penetriert, das sich ihm auf einer Chaiselongue hingibt.
Professor Sabatini hält das Bild für einen Höhepunkt der Pariser Schaffensperiode des Künstlers, der einen neuen Abschnitt in der Phase der sexuellen Obsessionen Picassos einleitet. Professor Sabatini taxierte den Wert des Gemäldes auf 1,5 Millionen Euro, das die Versicherung an den rechtmäßigen Besitzer, den Weinhändler und Filmproduzenten Gustave Heroult, hätte auszahlen müssen, wenn das Bild verschollen geblieben wäre.

Arnoult schüttelte den Kopf. Wer auch immer dieser selbsternannte Picasso-Experte ist, der Kerl liegt völlig daneben, dachte er und seufzte. Eins stand fest, er mußte hier raus und zwar bald. Niemand würde ihn aufhalten können, aber er brauchte Hilfe.

Die Tür zu seinem Krankenzimmer öffnete sich und Giselle trat ein.

Monsieur, sie haben Besuch. Die Dame möchte unbedingt mit ihnen sprechen ...

Sehr gut, Giselle, bevor ich an meinen Verletzungen sterbe, langweile ich mich noch zu Tode, bringen sie sie her! Arnoult war gespannt, wer ihn diesmal überraschen würde.

Wie sie wünschen, entgegnete Giselle verärgert.

Arnoult glaubte einen Schuß Eifersucht herauszuhören, besonders als er sah, wer ihn da besuchte.

Guten Morgen, Kommissar Arnoult. Françoise Clavine trat an sein Bett.

Wie geht es ihnen? Sie setzte sich unaufgefordert auf den Stuhl, der neben dem Bett stand.

Vielen Dank, Giselle, wenn ich was brauche, melde ich mich ... Arnoult musterte seinen Gast interessiert.

Fünf Minuten und nicht länger, Madame ..., zischte Giselle wütend, drehte sich um und warf die Tür ins Schloß.

Françoise Clavine trug einen weißen Hosenanzug, der ihre Figur betonte und sie älter und reifer aussehen ließ. Trotz des Rouges, das sie aufgelegt hatte, sah sie müde und verletzlich aus.

Monsieur, was ich ihnen sagen wollte, ist folgendes ...

Arnoult blickte sie an und wartete.

Also, ich werde mich von Heroult trennen und nach Paris zurückkehren. Es war nicht in Ordnung, was ich getan habe ... Ich hoffe, sie verzeihen mir, und werden mich aus dem Kreis der Verdächtigen entlassen, fuhr sie leise fort.

Was soll ich ihnen verzeihen?

Ich habe gelogen ... In der Nacht, in der Monsieur Bertrand ermordet wurde, war sein Sohn eine zeitlang allein unterwegs. Monique Baptiste, Christophe und ich haben Karten gespielt und Champagner getrunken. Wir haben einfach nur auf Patrique gewartet. Sonst nichts, sexuell ist gar nichts zwischen uns gelaufen. Ich hätte mich dafür auch nicht hergegeben. Ich hoffe, sie verstehen, was ich damit meine. Erst als Patrique Bertrand wieder da war, haben wir ein bißchen Flaschendrehen gespielt. Es war aber wirklich nur ein Spiel und es war mir von vornherein klar, daß Monique verlieren wollte, um Christophe heiß zu machen. Sie hat einen richtig professionellen Striptease hingelegt und als die Polizei kam, war sie gerade dabei, ihren Slip auszuziehen ..., brach es aus Françoise hervor.

So so, und sie haben absolut nichts gemacht, vermute ich, grinste Arnoult.

Monsieur, sie müssen mir wirklich glauben!

Ich habe eine ganz andere Vermutung, Mademoiselle ... Madame Bertrand hat ein weißes Auto in der Mordnacht wegfahren sehen, kurz nachdem ihr Mann erschlagen wurde.

Wenn ich mich recht erinnere, fahren sie einen weißen Clio. Es ist durchaus möglich, daß nicht Patrique, sondern sie selbst in die Villa gefahren sind, mit dem Auftrag, den Picasso zu entwenden. Sie haben die Alarmanlage ausgeschaltet und sind dann in die Galerie geschlichen, um das Bild und den Besteckkasten zu stehlen. Als sie den Hausmeister hörten, sind sie schnell nach unten gelaufen und haben sich im Wohnzimmer versteckt. Der alte Bertrand hat aber nicht locker gelassen und gerufen, daß er die Polizei verständigen würde. In ihrer Panik haben sie sich den Schürhaken geschnappt und sind zur Treppe gerannt. Dort kam es zu einem Handgemenge mit dem Hausmeister, wobei sie ihn erschlagen haben. Vor lauter Panik haben sie den Schürhaken fallen gelassen und sind mit ihrer Beute geflohen. An dem Morgen, als ich sie am Pool mit dem blauen Auge entdeckt habe, kam es vorher zu einer Auseinandersetzung mit Patrique Bertrand. Er hat ihnen einen Fausthieb verpasst, weil sie seinen Vater umgebracht haben. Was haben sie mit ihm angestellt, damit er nicht die Polizei holt, häh? Oder wollten sie mit ihm teilen? Sie wußten, daß ich ihnen auf der Spur war, deshalb haben sie mir eine Falle gestellt. Sie sind zusammen mit Patrique zu Desnoyer, meinem langjährigen Galeristen gegangen und haben ihm den Besteckkasten angeboten. Sie gingen fest davon aus, daß er mir Bescheid sagen würde. Dann hat mir Bertrand aufgelauert und mich mit seinem Auto von der Straße gedrängt. Heroult hatte ihm den Auftrag gegeben. Er kannte mein kleines Handicap. Niemand würde einem psychopathischen Polizisten glauben, der für den Tod seiner eigenen Frau verantwortlich ist, schloß Arnoult mit heiserer Stimme und ließ sich erschöpft in die Kissen sinken.

Monsieur, was sagen sie da? Françoise Clavine schluchzte leise. Wie kommen sie auf diese ungeheuerlichen Anschuldigungen, Kommissar? Ich dachte, daß ich mich ihnen anvertrauen könnte, aber ich habe mich in ihnen wohl getäuscht, fuhr Françoise Clavine mit festerer Stimme fort.

Warum haben sie mich auf das Boot eingeladen? Doch nur, um den Verdacht auf Madame und Monsieur Pirez zu lenken! Nachdem fest stand, daß die Versicherung nicht zahlen wollte, mußte das Bild wiedergefunden werden, damit eine neuerliche Expertise beweist, daß das Bild doch echt ist. Was ihnen ja auch gelungen ist! Arnoult deutete auf den Zeitungsartikel. Bertrand hat den Picasso in das Zimmer der Eheleute Pirez geschmuggelt und auf eine günstige Gelegenheit gewartet, um es wieder auftauchen zu lassen. Dann hat ihnen der Professor den Gefallen getan, an einem Herzinfarkt zu sterben. Vielleicht hat Heroult auch ein bißchen nachgeholfen, wer weiß? Jetzt sind sie hier aufgekreuzt und wollen dem jungen Bertrand auch noch den Mord an seinem Vater in die Schuhe schieben, sagte Arnoult mit müder Stimme.

Monsieur, was sie sich da zusammenreimen, ist ungeheuerlich. Der Mörder des Alten ist längst gefaßt! Wie ich von Inspektor Roubaix erfuhr, handelt es sich dabei um einen gewissen Lannier, der zusammen mit seinem Chef mehrere Villen ausgekundschaftet und anschließend ausgeraubt hat. Später

soll er sogar seinen Kompagnon umgebracht haben. Er sitzt im Untersuchungsgefängnis und wartet auf seine Verhandlung. Als ich das von Roubaix erfuhr, entschloß ich mich, ihnen mitzuteilen, was sich an dem Abend zugetragen hat. Und übrigens, das Veilchen habe ich mir eingehandelt, weil ich ihnen schon damals die Wahrheit erzählen wollte. Bertrand hat mir gedroht, mich windelweich zu prügeln, wenn ich ihn verraten würde. Darüber können sie jetzt nachdenken, Monsieur, ich muß jetzt gehen, schloß sie mit leiser Stimme. Sie wirkte müde und verletzt.
Nicht, ohne daß sie mir ihre Handynummer geben und mir versprechen, nicht eher nach Paris zurück zu kehren, bis ich es ihnen erlaube.
Françoise Clavine reichte ihm wortlos ihre Visitenkarte, stand auf und verließ das Zimmer, ohne sich noch einmal umzudrehen.

Dreiunddreißig

Ärmel hoch! Giselle zog die Thrombosespritze auf und beugte sich über ihn. Ich habe ihnen eine Überraschung mitgebracht, fuhr sie fort, als sie ihm die Nadel in die Vene jagte.
Aaah ... meinen sie das hier? Arnoult stöhnte und biß die Zähne zusammen.
Hören sie auf, Monsieur Arnoult, das kann doch nicht so weh tun! Nein, ihr Anzug ist heute frisch gereinigt aus der Wäscherei gekommen. Er hat den Unfall erstaunlich gut überstanden, zwitscherte sie und zeigte ihm das Leinensakko, das sie aus einer Monoprix-Tüte zog und auseinanderfaltete.
Ganz im Gegensatz zu mir ... dachte Arnoult grimmig.
Heißt das, daß ich bald entlassen werde?
Oh nein, Monsieur, die Ärzte sind der Meinung, daß ihre Knochen nicht so schnell verheilen, wie sie sollten, das bedeutet Bettruhe und ganz, ganz langsames Aufbautraining. Sagen wir mal ... in zwei Wochen dürfen sie zum ersten Mal an die frische Luft.
Wie schön, bis dahin bin ich längst vor Langeweile verrückt geworden, stöhnte Arnoult entnervt.
Gefällt es ihnen bei uns nicht?
Doch, doch, die Bedienung ist sehr nett und über die Verpflegung kann ich auch nicht klagen, grinste Arnoult.
Na, na, Monsieur, ich hoffe doch sehr, daß ich mehr für sie bin als eine Kellnerin, entgegnete Giselle enttäuscht.
Was haben sie denn sonst noch in dem Beutelchen? Arnoult grinste sie neugierig an.
Einen Jogginganzug meines Exfreundes, der hatte in etwa ihre Statur, ich bin gerade dabei, die Überbleibsel der Beziehung zu beseitigen.

Haben sie ihn rausgeschmissen, oder gab es eine Andere, oder am Ende sogar beides?
Weder noch. Er ist Grundschullehrer und für ein Sabbatjahr auf eine Ayurvedafarm nach Indien entschwunden. Ich habe ihm geraten, genau dort zu bleiben, wo der Pfeffer wächst. Er fand das gar nicht gut. Er hatte damit gerechnet, daß ich ihn nach dem Jahr mit offenen Armen empfangen würde. Da hatte er sich aber gründlich verrechnet. Leider fühle ich mich seitdem ein wenig alleine. Sie lächelte ihn schüchtern an, steckte die Kleidungsstücke in die Tüte zurück und verstaute das Paket in dem Wandschrank, der sich neben dem Bett befand.
Wir zwei Hübschen können im Moment so gar nicht zusammenkommen, ächzte Arnoult, es sei denn, sie helfen mir dabei, daß ich hier rauskomme. Was diesen Jogginganzug betrifft, sehe ich darin nicht wie ein Boatpeople aus Marokko aus? Arnoult sah ungeahnte Möglichkeiten, endlich aus seinem Gefängnis auszubrechen.
Da machen sie sich mal keine Hoffnungen, was mich als Fluchthelferin anbelangt. Aber wenn sie wieder gesund sind, können wir uns ja gerne mal auf eine Tasse Kaffee treffen, und dann ist es mir ziemlich egal, ob sie dabei den Jogginganzug anziehen oder nicht, lächelte Giselle verführerisch und klebte ihm ein Pflaster auf den Nadelstich. Der Jogginganzug ist übrigens noch prima in Schuß. Mein Ex wollte ein bißchen Sport treiben, ist aber immer nur bis zum nächsten Bistro gekommen und hat sich da mit seinen Freunden einen angetrunken. Wenn sie ihm das auf der Farm ausgetrieben haben und ihn konsequent auf Tee setzen, darf er vielleicht irgendwann mal bei mir auf eine Tasse vorbeikommen ... Und jetzt, Monsieur Arnoult, seien sie schön brav und machen noch ein Nickerchen, das wird ihnen gut tun! Giselle drehte sich um und schob ihren Arzneiwagen zur Tür hinaus.
Genau das wollte Arnoult beim besten Willen nicht. Er wartete ein paar Sekunden, bis er sich sicher war, daß ihn niemand störte, setzte vorsichtig einen Fuß auf den Boden und

drehte sich zur Seite. Ein höllischer Schmerz durchzuckte seinen bandagierten Brustkasten, doch Arnoult gab nicht auf. Er zog das zweite Bein nach, richtete sich auf und setzte sich auf die Bettkante. Nachdem das Schwindelgefühl abgeklungen war, erhob er sich langsam, griff nach seinen Krücken, die er vorsorglich an den Nachttisch gelehnt hatte, klemmte sich die Metallstützen unter den Arm und humpelte um das Bett herum auf den Wandschrank zu. Dabei achtete er darauf, daß er das rechte Bein, dessen Wade eingegipst war, nicht zu sehr belastete. Arnoult öffnete den Schrank, lehnte die linke Krücke gegen das Holz, wobei er sich auf die andere stützte und dabei das eingegipste Bein anhob. Er zerrte die Tüte mit den Kleidungsstücken hervor und warf sie auf das Bett.

Na also, geht doch, murmelte Arnoult, während er auf einem Bein stand und seinen Kleiderschatz betrachtete. Es dauerte eine Weile, bis er das Nachthemd über seinen Kopf gestreift hatte und er sich setzten konnte. Atemlos betrachtete er die Tür, immer gespannt, ob Giselle nicht doch zurückkam und ihn bei seinem Fluchtversuch ertappte. Er zog das T-Shirt an und schlüpfte in das Jackett. Jetzt hatte er ein Problem. Wie sollte er die Hose über das eingegipste Bein bekommen? Da fiel ihm ein, daß Giselle eine Verbandsschere auf dem Nachttisch liegen gelassen hatte. Zuerst versuchte er sich rückwärts über das Bett zu beugen, doch es durchfuhr ihn erneut ein Schmerz, der ihm den Atem nahm. Er entschied, noch einmal um das Bett zu humpeln und die Schere vom Nachttisch zu holen. Als er endlich das Werkzeug in den Händen hielt, war er in Schweiß gebadet. Trotzdem schnitt er beherzt in den Saum des Kleidungsstückes und verpaßte dem Hosenbein einen gut vierzig Zentimeter langen Längsschnitt, bevor er in seine Beinkleider stieg. Alles saß perfekt. Sogar den Gürtel hatte die Wäscherei wieder eingefädelt. Es konnte losgehen. Heute würde er fliehen und dann den Mörder stellen. Komme, was da wolle, entschied

Arnoult und griff nach dem Hörer des Telefons, das auf seinem Nachttisch stand. Nach dreimaligem Klingeln meldete sich Françoise Clavine.

Ja, bitte ...

Sie sprechen mit Kommissar Arnoult, Mademoiselle, sie sind mir noch einen Gefallen schuldig, begann er ruhig und bestimmt.

Vierunddreißig

Eine Stunde später öffnete sich die Tür des Krankenzimmers und Françoise Clavine trat ein. Sie war blaß und ihre Augen funkelten wütend. In ihrem Jeansanzug und den Turnschuhen sah sie aus wie eine Studentin im dritten Semester.
Was wollen sie von mir, Arnoult?
Sie helfen mir jetzt hier raus und fahren mich zu meinem Hotel, dann sehen wir weiter.
Kommissar, ich kann sie nicht tragen, erwiderte Françoise schnippisch.
Sollen sie auch nicht. Draußen auf dem Gang steht direkt gegenüber ein Rollstuhl. Das weiß ich, weil ich den vor gar nicht so langer Zeit gesehen habe. Holen sie mir den Rollstuhl bitte her, sagte Arnoult im Befehlston.
Monsieur Arnoult, sind sie verrückt geworden?
Nein, Mademoiselle, ganz im Gegenteil! Wenn ich sie entlasten und den wahren Mörder überführen soll, müßen sie mir helfen, einverstanden?
Bleibt mir eine andere Wahl? Sie stöhnte theatralisch, drehte sich um, ging hinaus und kehrte wenige Augenblicke später zurück, wobei sie den Rollstuhl vor sich her schob.
Arnoult erhob sich ächzend, stützte sich auf seine Krücken und ließ sich schweißnaß in den Rollstuhl sacken.
Schieben sie mich bitte den Gang hinunter, bis zum Fahrstuhl, und dann so schnell wie möglich auf die Straße, entschied Arnoult, packte seine Krücken und deutete auf die Tür.
Ach ja, falls jemand fragt, sagen sie ihm, sie seien meine Cousine und wollten mich in den Park bringen, d'accord?
Françoise Clavine verdrehte die Augen gen Himmel und

fügte sich. Die Krücken voran wie Rammböcke, verließen sie das Krankenzimmer und rollten den Flur in Richtung Fahrstuhl hinunter. Mit dem gummibewehrten Ende seines Krückstockes drückte Arnoult die »0«, die auf dem Fahrstuhlknopf eingraviert war. Nervös trommelte er mit seinen Händen auf die Speichen seines Gefährts, bis sich die Fahrstuhltüren endlich öffneten.
Monsieur Arnoult, bleiben sie stehen, hörte er Giselle über den Gang rufen, als Françoise ihn in den Fahrstuhl schob.
Machen sie schnell, Mademoiselle, bevor mich diese Hyäne erwischt, trieb er Françoise an.
Sie sollten lieber hier bleiben, Arnoult, ich weiß wirklich nicht, was sie vorhaben, erwiderte sie wütend.
Schweigen sie und beeilen sie sich lieber ...
Die Fahrt mit dem Fahrstuhl dauerte eine Minute, die Arnoult wie eine Ewigkeit vorkam.
Er stellte sich vor, wie Giselle die Pfleger benachrichtigte, die ihn an der Pforte des Krankenhauses abfangen würden.
Wo haben sie ihr Auto geparkt?
Nicht weit von hier, in einer Nebenstraße, habe ich einen freien Platz gefunden, erwiderte Françoise, die mit jedem Schritt in Richtung Freiheit nervöser wurde.
Warum kehren wir nicht um, und sie legen sich wieder ins Bett, Kommissar?
Weil ich beweisen will, daß ich kein seniler Tattergreis bin! Arnoult war wütend. Halten sie endlich den Mund und schieben mich hier den Gang hinunter. Soweit ich mich erinnere, gibt es am Ende eine Tür, die in einen Park führt. Vor Jahren habe ich hier Desnoyer, meinen Galeristen besucht, der hier mit einem Herzinfarkt lag. Na los, machen sie schon, rief Arnoult und schwang die Krücke, um seinen Worten Nachdruck zu verleihen.
Heroult hat mir erzählt, die Presse hätte groß und breit darüber berichtet, daß sie bereits vor Jahren einen Unfall hatten, bei der ihre Frau ums Leben gekommen ist, stimmt das?

Françoise keuchte, während sie Arnoult, so schnell sie konnte, vor sich herschob.
Sieh mal einer an, da paßt ja eins zum anderen ..., murmelte Arnoult nachdenklich.
Wenige Augenblicke später erreichten sie die Tür, die sich automatisch öffnete, als sich die beiden mit rasender Fahrt näherten. Mit vollen Zügen sog Arnoult den Duft von Pinien und Oleander ein, der ihnen entgegenströmte, als sie endlich den geharkten Weg erreichten, der sich kreuz und quer durch den Park schlängelte. Trotz der brütenden Nachmittagshitze führten Pfleger in weißer Kluft ältere Damen in geblümten Morgenmänteln spazieren. Ein graugesichtiger Mann undefinierbaren Alters hockte auf einer Parkbank und rauchte in hastigen Zügen mit zittrigen Fingern eine Gitane, als sei sein letztes Stündlein gekommen.
Arnoult versuchte mit beiden Händen die Räder seines Gefährts anzutreiben, doch ein heftiger Schmerz im Brustkasten erinnerte ihn daran, daß ihm dies seine kaum verheilten Rippen übel nahmen. Endlich erreichten sie einen kunstvoll geschmiedeten Eisenzaun, der den Park von der Straße trennte. Françoise Clavine drehte sich um. Ihr blieb fast das Herz stehen, als sie die Horde der Pfleger sah, allen voran Giselle, die wie Hornissen im Park herumschwebten und nach dem vermißten Kommissar fahndeten. Françoise verlangsamte ihre Schritte und schob ihn die letzten Meter bis zu einem übermannshohen Tor, so langsam, als sei sie dabei, einem Rekonvaleszenten die Augen für die Natur zu öffnen. Sie wußte, daß sie mit dem halsbrecherischen Tempo, das sie bis jetzt an den Tag gelegt hatten, nur auffallen würden, und versuchte die Angst, die sie befiel, zu ignorieren. Für einen Moment überlegte sie, ob es nicht besser sei, den Pflegern zuzuwinken und Arnoult seinem Schicksal zu überlassen. Doch dann entschied sie, daß der Mistkerl eine Chance verdient hatte und atmete erleichtert auf, als sie das Tor erreichten, das nur angelehnt war und sich quietschend in den Angeln drehte, als Françoise

an ihm zog. Sie packte die Griffe des Rollstuhls, schob Arnoult mit letzter Kraft auf den Gehweg, und tauchte nach wenigen Metern im Gedränge der Passanten unter.

Fünfunddreißig

Wohin darf ich sie bringen? Françoise Clavine grinste ironisch, als sie endlich in dem Clio saßen und der Rollstuhl zusammengeklappt hinter ihnen auf dem Rücksitz lag. Es hatte fast zwanzig Minuten gedauert, bis sich Arnoult aus dem Gefährt gewuchtet und sich unter Ächzen und Stöhnen in den Sitz des Renaults hatte fallen lassen. Den Hebel, mit dem man den Rollstuhl in ein handliches Paket faltete und damit in dem Kofferraum verschwinden lassen konnte, hatte Françoise schnell entdeckt. Schließlich mimte sie vor ein paar Jahren eine Krankenschwester in einem Bühnenstück eines Provinzautors, die eine alte Dame betreuen mußte und von deren Sohn angestellt worden war, der sowohl ein Auge auf das stattliche Vermögen, das er so schnell wie möglich erben wollte, als auch auf die Krankenschwester geworfen hatte. Sie konnte sich weder an den Namen ihres Partners, noch an den des Autors erinnern. Nur die schmale Gage und die Funktionsweise des Rollstuhls waren ihr in Erinnerung geblieben.

Zu meinem Hotel, dem Quattre Poisson, auf dem Place du Marché in St. Cyr, befahl Arnoult .

Ich weiß sehr wohl, wo das Hotel ist, allerdings bin ich mir nicht sicher, ob ich den Blödsinn weiter mitmachen soll, Monsieur!

Der Verkehr hatte nachgelassen, als sie die Peripherie Marseilles erreichten und auf der Landstraße nach Osten fuhren.

Sie haben mir erzählt, daß Patrique Bertrand eine Stunde weg war, als sie Strippoker gespielt haben. Wissen Sie, was er in der Zeit gemacht hat?

Ich sagte ihnen bereits, daß das kein Strippoker war, aber lassen wir das ... Bertrand hat erzählt, daß er in der Bar noch aufräumen mußte, erwiderte sie gereizt.
Und warum sollte Monique ihm nicht dabei helfen?
Keine Ahnung, ich glaube, die war schon so betrunken, daß sie ihm sicherlich keine große Hilfe gewesen wäre.
Und jetzt, würde Bertrand sie in Ruhe lassen, wenn er erführe, daß sie bei mir waren?
Ich weiß nicht, seitdem er die Bar gekauft und sich einen Rennwagen zugelegt hat, spielt er den großen Macker. Er läßt sich von Heroult nichts mehr sagen. Klar ist, daß ich hier so schnell wie möglich verschwinden muß, schloß Françoise und wich dabei geschickt einem parkenden Wagen aus, dessen Fahrer die Autotür aufgestoßen hatte, als sie nur wenige Meter entfernt waren.
Lassen sie mich raten, der Rennwagen ist ein blauer Renault Alpine, richtig? Arnoult war gespannt.
Woher wissen sie das?
Warten sie es ab, antwortete Arnoult und hüllte sich in Schweigen.
Haben sie eine Ahnung, woher er das Geld hatte, um die Bar und den Rennwagen zu kaufen?
Sie waren der D 559 gefolgt und fuhren nun in Höhe von La Ciotat, keine zehn Kilometer von St. Cyr entfernt, als ein prasselnder Gewitterregen einsetzte, der die Straße binnen Sekunden in einen Flußlauf verwandelte. In wenigen Augenblicken war der Spuk vorbei, die Sonne trat hinter den Wolken hervor und zauberte einen prachtvollen Regenbogen in den Himmel. Françoise Clavine war vorsichtig weiter gefahren und atmete hörbar auf, als sie merkte, daß der Schauer vorüber war.
Patrique hat geerbt, und das nicht zu knapp. Die Lebensversicherung seines Vaters hat gezahlt. Seitdem schwimmt er im Geld. Seine Mutter, Madame Bertrand, hat bei Heroult gekündigt. Sie managt die Küche der Bar und sieht dabei zehn Jahre jünger aus.

Françoise Clavine öffnete das Schiebedach des Clio. Ein frischer Wind zerzauste ihre kurzen schwarzen Haare und fuhr Arnoult ins Gesicht, der für die Abkühlung dankbar war.
Das habe ich mir fast gedacht, jetzt wo der Alte tot ist, brummte Arnoult, lehnte sich in den Sitz zurück und schloß die Augen.
Und Heroult, was macht der? Wie sie ja wissen, soll der Picasso echt sein, fügte Arnoult nach einer Weile hinzu.
Françoise starrte ihn wütend an.
Dieser Mistkerl, flüsterte sie. Mir hat Christophe immer erzählt, er sei pleite und könne den Film nicht mehr produzieren! Der will mich loswerden, ich war doch nur ein billiges Flittchen für ihn. Gerade gut genug, um mit ihm ins Bett zu hüpfen, schniefte sie, den Tränen nahe.
Und als Schauspielerin haben sie ihm ein Alibi verschafft. Beruhigen sie sich, vielleicht ist er ja wirklich pleite und er weiß es nur noch nicht, sagte Arnoult und grinste dabei.
Françoise fuhr den Berg zum Place du Marché hinauf und parkte den Clio in der einzigen freien Parkbucht zwischen einem himmelblauen Citroën Pluriel und einem arg ramponierten 2 CV.

Sechsunddreißig

Na, von den Toten auferstanden? Herzlich willkommen, Kommissar Arnoult! Madame Bousset lächelte, als Françoise Clavine ihn durch die lichte Eingangshalle des Quattre Poisson zum Fahrstuhl schob. In Erwartung zahlungskräftiger Touristen, die das Pensionsalter erreicht hatten, und nun Dank des dritten Herzinfarkts nicht mehr so gut beieinander waren, hatte Madame Bousset dieses Schmuckstück erst vor wenigen Jahren renovieren lassen. Jetzt war sie froh, daß sie in dem farbenprächtigen Prospekt, das sie in die ganze Welt verschickte, mit dieser Errungenschaft werben konnte.

Warten sie, Monsieur, ich habe noch einen Brief für sie. Den hat dieser dicke Sergeant Verlaine hier für sie abgegeben. Sie kam hinter der Mahagonitheke hervor und drückte ihm den Umschlag mitsamt seinem Zimmerschlüssel in die Hand.

Welcher Stock? Françoise begann die Rolle langsam Spaß zu machen.

Erste Etage, Zimmer 24. Gehen sie schon vor, öffnen sie die Tür und lassen sie den Schlüssel bitte von außen stecken. Ich komme gleich nach ... Ach ja, und schicken sie den Fahrstuhl wieder hinunter, bat Kommissar Arnoult und öffnete den Briefumschlag.

Zu Befehl ... murmelte Françoise, salutierte und versuchte so, sich über die Situation lustig zu machen. Doch tief im Inneren spürte sie, daß sie Arnoult ausgeliefert war, der irgend etwas vorhatte, das sie nicht verstand und sie deshalb wütend machte.

Madame Bousset, können sie mir einen Gefallen tun? Arnoult wandte sich an die Pensionsbesitzerin, als sich die Fahrstuhltür hinter Françoise geschlossen hatte.

Sicher Monsieur.
Bestellen sie mir ein Taxi? So, daß es in etwa einer Viertelstunde vor dem Hotel wartet.
Gerne, Monsieur.
Arnoult öffnete den Briefumschlag, zerrte den Obduktionsbericht hervor und überflog hastig den Text.

Professor Pirez starb an einer Wirkstoffkombination aus Agaricus und Conium. Ein Gemisch aus getrocknetem Fliegenpilz und geflecktem Schierling, hochgiftige Pflanzen, die ein geschickter Sammler an feuchten Stellen im Wald findet. Diese Mittel wirken Blutdruck steigernd und sind für Herzinfarktpatienten absolut tödlich, zumal Professor Pirez vergessen hatte, seine Herztabletten zu nehmen. Der Giftpilzextrakt wurde ihm in einem Glas Milch verabreicht. Der Tod trat wenige Augenblicke nach dem Verzehr des Getränks gegen 19:00 Uhr ein.

Na bitte, wie ich es vermutet hatte, dachte Arnoult zufrieden.
Er wartete einen Augenblick, bis der Fahrstuhl erneut im Erdgeschoß hielt, sich die Tür wie von Geisterhand öffnete und er hineinrollen konnte. Mit Erleichterung stellte er fest, daß es ihm immer besser gelang, die Räder seines Gefährts mit den Händen in Bewegung zu versetzen.
Die Schlüssel des Zimmers 24 steckten von außen. Problemlos öffnete er die Tür und rollte hinein. Françoise stand am Fenster und starrte hinaus.
Was soll der Irrsinn, Arnoult? Fahren wir ins Krankenhaus zurück. Wir sagen einfach, sie hätten sich ein paar Kleidungsstücke holen wollen und ich hätte sie chauffiert, sagte sie leise, wobei sie erschöpft klang. Schweigend rollte Arnoult zu dem grazilen Sekretär aus Nußbaum, der an der Wand stand und öffnete eine Schublade. Die Sig Sauer schimmerte schwarz glänzend und unberührt im matten Abendlicht, das durch

die Scheiben der Balkontür drang. Er nahm die Pistole, prüfte das Magazin und steckte die Waffe in die Tasche seines Jacketts. Dann beugte er sich hinunter und riß das Telefonkabel aus der Wand. Wortlos wendete Arnoult, ließ sich aus dem Zimmer rollen, wendete den Rollstuhl erneut, hob eine der Krücken und drückte die Tür zu. Hastig drehte er den Schlüssel im Schloß um.

Arnoult, was fällt ihnen ein!!! Holen sie mich sofort hier raus, schrie Françoise Clavine verzweifelt.

Keine Sorge, wenn ich unseren Rennfahrer verhaftet habe, lasse ich sie wieder frei, hörte sie ihn rufen.

Siebenunddreißig

Überrascht, mich lebend wiederzusehen, Monsieur Bertrand? Arnoult stoppte mit seinem Rollstuhl nur wenige Meter vor dem Tresen. Die Bar des Yachtclubs war fast leer. Nicht einer der Gäste nahm Notiz von dem Häufchen Elend, das da in seinem Gefährt hockte und sie daran erinnerte, wie vergänglich doch die eigene Gesundheit und das bißchen Lebensglück war, das sie empfanden, wenn sie mit ihren Zweimastern oder den schicken Autos prahlten, die blankgeputzt draußen auf dem Kies parkten und in der untergehenden Abendsonne funkelten. Bertrand blickte von seinen Gläsern auf, die er in Reih und Glied vor sich aufgestellt hatte.

Schön, daß sie uns gefunden haben Arnoult. Ein Bier? Patrique Bertrand zögerte eine Sekunde, die ihm genügte, um sich wieder zu fangen.

Lieber nicht, Bertrand. Wenn sie es schon nicht schaffen mich umzubringen, will ich dem Alkohol keine Chance geben. Arnoult grinste gelassen.

In diesem Moment sah er, wie sich der Vorhang bewegte, der die Bar von der Küche trennte. Madame Bertrand stellte sich neben ihren Sohn.

Mach' das Schwein endgültig fertig, flüsterte sie leise und wischte dabei ihre Hände an der Schürze ab.

Françoise Clavine hämmerte bereits seit einer Viertelstunde an die Tür des Hotelzimmers, aber niemand reagierte auf ihre verzweifelten Rufe. Dann fiel ihr ein, daß sie vom Balkon des Zimmers größere Chancen hatte, auf sich aufmerksam zu machen. Mit zittrigen Händen öffnete sie die Balkontür und trat hinaus. Der Place du Marché war menschenleer.

In der Ferne glitzerte das Meer in der Abendsonne, deren glutroter Ball in den Fluten versank. Der Nachthimmel senkte sich über St.Cyr und eine kalte Brise ließ sie frösteln. Die Zikaden verstummten und für einen Augenblick war es totenstill, bis ein roter Megane über das Pflaster des Marktplatzes rumpelte. Sie tastete nach ihrem Handy, das in der Brusttasche ihrer Jeansjacke steckte, atmete tief durch und tippte dann die Nummer der Polizei ein. Eine verschlafene Stimme meldete sich.
Verbinden sie mich mit der Präfektur von St. Cyr und dort mit Inspektor Roubaix. Wenn es geht, ein bißchen plötzlich, fauchte sie.
Hören sie, Inspektor, begann Françoise Clavine, nachdem sie die Stimme Roubaixs erkannt hatte ... Mein Name tut nichts zur Sache, allein wichtig ist, daß Kommissar Arnoult den Helden spielt und mit mir aus dem Krankenhaus geflohen ist ...
Wo sind sie Madame?
Auch das geht sie nichts an ... Arnoult will den Mann mit dem Rennwagen verhaften und ich hoffe ... Ein nervtötendes Piepen unterbrach ihren Redefluß.
Verdammt, hören sie mich???

Schieb den Scheißkerl hier raus ... sagte Madame Bertrand seelenruhig und nahm ihre Schürze ab.
Du hast recht, bringen wir es hinter uns, erwiderte Patrique Bertrand mit eiskalter Stimme, trocknete sich die Hände an einem Handtuch ab und trat hinter der Theke hervor. Mit wenigen schnellen Schritten stand er hinter Arnoult, packte den Griff des Rollstuhls, wendete das Gefährt und schob ihn zur Tür hinaus.
Es ist alles in Ordnung, meine Herren ... der Mann ist verwirrt, mein Sohn bringt ihn zurück in die Anstalt, verkündete Madame Bertrand den irritiert blickenden Gästen, die sich rasch wieder ihrem Bier zuwandten. Sie folgte den Beiden und sah, wie Patrique den Weg zum Hafen einschlug.

Merde, ausgerechnet jetzt, schimpfte Françoise Clavine und starrte wütend auf das Display ihres Handys. Die Anzeige blinkte, sie sah, daß der Akku leer war. Françoise Clavine trat an die Balkonbrüstung und blickte nach unten. Gut dreieinhalb Meter bis zum Boden, schätzte sie.

Der Mann mit dem Rennwagen ... wer konnte das sein? Roubaix griff nervös in die Brusttasche seines Leinensakkos, kramte eine verdrückte Packung Gauloise hervor, fingerte eine Zigarette aus der Hülle und steckte sich den Glimmstengel an.
Mein Gott, was fiel Arnoult ein, aus dem Krankenhaus abzuhauen? Eins stand fest, wie verwirrt der Kerl auch war, er mochte ihn gerne, diesen alten Zausel mit seinen verschrobenen Ideen. Was hatte er sich jetzt schon wieder in den Kopf gesetzt?
Roubaix nahm einen tiefen Zug.

So, mein Freund, jetzt erzählst du uns mal, was du weißt. Vielleicht lassen wir dich in Ruhe und du hast noch was von deiner Pension, höhnte Patrique Bertrand und stoppte den Rollstuhl wenige Meter vor der Mole. Arnoult hörte das schmatzende Geräusch des Wassers, das an den Steinen der Uferbefestigung nagte. Ein Stoß würde genügen und er würde ins Meer stürzen! Die Angst schnürte ihm die Kehle zu, seine Narbe brannte und das Herz schlug wie wild in seinem ramponierten Brustkorb, der jeden Moment zu platzen drohte. Arnoult griff in die Tasche seines Jacketts, zerrte die Sig Sauer hervor, legte sie in seinen Schoß, griff mit den Händen an die Räder des Rollstuhls, wendete das Gefährt und richtete den Lauf der Pistole auf das saubere Gespann, das da vor ihm stand.

Françoise Clavine prüfte die Glyzinie, die bis zum Rand des Balkons rankte, mit einem kritischen Blick. Welches Gewicht konnte so eine Kletterpflanze tragen? Dann entdeckte sie das Gitter, an dem sich die Pflanze festkrallte, im Gewirr der Blätter. Entschloßen stieg sie auf die Balkonbrüstung und tastete nach der ersten Sprosse ...

Roubaix legte die Füße auf den Schreibtisch, schloß die Augen und runzelte die Denkerstirn. Heroult hatte einen silbergrauen Alfa Romeo, mit dem er nach Paris fuhr, als sich herausstellte, daß der Picasso echt war. War das der Rennwagen, den Arnoult meinte? Daß Heroult in Paris war, konnte der Kommissar nicht wissen. Würde er so verrückt sein und sich zur Villa St. Fleurie fahren lassen?

Ich werde ihnen jetzt eine kleine Geschichte erzählen ..., begann Arnoult und zielte mit der Pistole auf die Brust Bertrands.
Das wirst du nicht, du Idiot! Bertrand sprang mit einem Satz auf ihn zu und hieb ihm die Faust ins Gesicht. Arnoult sackte für einen Moment lang weg und ließ die Waffe fallen. Als er aus seiner kurzen Ohnmacht erwachte, spürte er den kalten Lauf der Sig Sauer in seinem Nacken und starrte auf das grüngraue Wasser hinunter, das vor seinen Füßen an die Mole schwappte.
So, mein Freund, jetzt werde ich dir mal erzählen, wie die Sache gelaufen ist ... begann Bertrand triumphierend.
Lassen sie mir doch wenigstens das Vergnügen sie zu überführen, bevor ich ins Gras beiße, presste Arnoult mühsam hervor.

Mit einem gewaltigen Satz sprang Françoise Clavine in die Tiefe und landete dort auf allen Vieren. Sie rappelte sich hoch, lief zu ihrem Clio, sprang hinein und ließ den Motor an.

Blieb nur noch Philipe Bertrand ... hatte Lannier recht gehabt, als er behauptete, daß der Kellner ihn mit seinem Renault Al-

pine von der Straße gedrängt hatte? Moment mal, sollte sich Arnoult in den Kopf gesetzt haben, daß der Unfall in den Bergen kein Unglück, sondern ein Attentat war? Aber Arnoult war bei dem Verhör nicht dabei gewesen, woher sollte er wissen, daß Lannier Bertrand beschuldigte?
Verwirrt wuchtete sich Roubaix aus dem Bürostuhl und drückte den Stummel seiner Zigarette in dem Aschenbecher aus, der vor ihm auf dem Schreibtisch stand.

In der Nacht vom 11. auf den 12. Juni haben sie, Madame Bertrand, den Strom der Alarmanlage abgeschaltet. Vorher haben sie mit dem Schürhaken an dem Kellerfenster herumgekratzt, um uns glauben zu machen, da wäre jemand eingestiegen, begann Arnoult.
Der Pistolenlauf in seinem Nacken fühlte sich kalt an, trotzdem schwitzte Arnoult und während er sprach, überlegte er fieberhaft, wie er sich aus dieser mißlichen Lage befreien konnte. Nur eins war sicher, solange er redete, würde ihn Bertrand nicht umbringen.
Als sie wieder nach oben gingen, fuhr er fort, kam ihnen ihr Mann entgegen und hat sie zur Rede gestellt. Es kam zu einem Handgemenge, bei dem sie ihren Mann erschlagen haben. Kaltblütig wie sie sind, haben sie auf ihren Sohn gewartet, der in dieser Nacht den Picasso stehlen sollte. War es nicht so? Arnoult atmete auf, als Patrique Bertrand den Druck der Waffe lockerte.
Sie haben vollkommen recht, Kommissar ...Wir haben jahrelang auf diese Gelegenheit gewartet, es dem Alten heimzuzahlen, der uns mit seinem Geiz und seiner Herrschsucht terrorisiert hat. Als Heroult meinem Sohn den Auftrag gab, den Picasso verschwinden zu lassen, beschlossen Patrique und ich gemeinsam, meinen Mann umzubringen. Patrique sollte ihn im Bett erschlagen. Es sollte so aussehen, als hätten dies die Einbrecher getan. Ich selbst hätte mich dann angeblich verstecken und die Tat beobachten können. Aber als mich der

Alte erwischte, wie ich aus dem Keller kam und er mich anschnauzte, da ist mir der Kragen geplatzt, erwiderte Madame Bertrand mit ruhiger Stimme.
Jetzt weißt du, wie es gelaufen ist, Arnoult. Keinen Grund mehr dich länger am Leben zu lassen. Bertrand drückte den Lauf der Waffe wieder fester in seinen Nacken.
Warten sie, da gibt es noch was zu klären, erwiderte Arnoult mit leiser Stimme und fuhr fort: Sie haben einen Fehler gemacht, Madame. Das Hygrometer stand drei Stunden lang still. Nach ihrer Aussage hat die ganze Angelegenheit aber höchstens zwanzig Minuten gedauert. In ihrer Aufregung hätten sie beinahe vergessen, den beiden Handwerkern die Schuld in die Schuhe zu schieben, denn erst bei unserem zweiten Verhör erwähnten sie den weißen Lieferwagen Margouxs. Schließlich war das Teil des Plans Christophe Heroults, der den Picasso verschwinden lassen mußte, als die Pirezs auftauchten und ihren Anteil vom Kuchen verlangten.
Heroult hätte die Versicherungssumme kassiert, Pirez ausgezahlt und dann den Picasso auf dem Schwarzmarkt verkauft, höhnte Bertrand.
Und dann kam ihnen die Versicherungsgesellschaft dazwischen, die behauptete, daß der Picasso gefälscht sei. Der Picasso mußte wieder auftauchen, damit man ein zweites Gutachten in Auftrag geben konnte, der die Echtheit des Bildes beweisen sollte. Mit Lannier haben sie einen Bilderdieb samt Mörder für den alten Bertrand gefunden und mit der Witwe Pirez hätte Heroult leichtes Spiel gehabt, ergänzte Arnoult und tastete mit seinen Händen, bis er die Räder seines Gefährts umfasst hatte.

Mein Gott, ich Idiot, schimpfte Roubaix und schlug sich an den Kopf. Arnoult war einem Attentat zum Opfer gefallen. Roubaix öffnete die Schreibtischschublade und suchte seine Dienstwaffe. Siedendheiß fiel ihm ein, daß er die Pistole auf dem Nachttisch vergessen hatte.

Was für ein Glück für sie, daß Pirez herzkrank war. Ein bißchen getrockneter Fliegenpilz, vermischt mit einer Prise Schierling in die Abendmilch und die Sache war erledigt.
Haben Sie lange gebraucht, Madame Bertrand, um die Pilze zu finden und den Cocktail herzustellen? Es war völlig klar, daß die Spurensicherung das Bild finden würde, das sie in das Zimmer der Pirezs geschmuggelt haben, schloß Arnoult erschöpft.
Jetzt weißt du ja alles, mein Freund, Zeit für dich, das Zeitliche zu segnen. Bertrand grinste höhnisch und gab dem Rollstuhl einen Tritt.
Arnoult packte zu und stoppte die Räder. Ein jäher Schmerz durchfuhr seinen Brustkorb und ließ seinen Atem stocken.
Halt, Bertrand, nur noch eine Frage, stieß Arnoult verzweifelt hervor, nachdem er ein wenig Luft geschöpft hatte.
Erzählen sie mir wenigstens, ob sie derjenige waren, der bereits zweimal versucht hat mich umzubringen ...
Arnoult, sie sind ein zäher Bursche, allerdings mit einer Macke, die wir uns zu Nutze machten. Heroult hatte herausgefunden, daß ihr Galerist Desnoyer heißt. Für uns war es ein Leichtes, ihnen eine Falle zu stellen. Niemand hätte vermutet, daß der Autounfall ein Attentat war. Schließlich wußte jeder, was für ein miserabler Autofahrer sie sind. Immerhin haben sie es ja geschafft, ihre Frau umzubringen, kicherte er. Sie sollten dran glauben, weil sie uns auf die Schliche gekommen waren. Sie hatten es auf diese kleine Schauspielerin Françoise Clavine abgesehen, die Heroult dafür benutzt hatte, ihnen diese Nummer mit dem Strippoker vorzuspielen. Das Veilchen, was ich ihr verpasst habe, war nur eine erste Warnung für die Schlampe. Leider hat die Kleine Muffensausen bekommen und über kurz oder lang wäre sie umgekippt. Ich habe gesehen, wie sie ihr die Visitenkarte zugeschoben haben. Heroult wollte nicht, daß ich die Schnepfe verschwinden lasse, deshalb sollten sie dran glauben, Arnoult!

Wenn wir schon einmal dabei sind, will ich ihnen den Rest auch noch erzählen, höhnte er. Monique und ich sind dann hergegangen und haben Desnoyer diesen Besteckkasten verkauft. Uns war klar, daß er sie umgehend anrufen würde. Dann habe ich ihnen aufgelauert. Als ich ihren Citroën durch die Leitplanken brechen sah, dachte ich, daß sie das nie überleben würden. Sie hatten Glück, daß sie der Felsvorsprung aufgefangen hat. Und ein zweites Mal, als diese Krankenschwester ins Zimmer trat, als ich sie ersticken wollte. Sie haben die neun Leben einer Katze, Arnoult, aber auch die muß mal sterben! Bertrand kicherte und schob den Rollstuhl dicht an den Rand der Mole. Nur noch wenige Zentimeter trennten Arnoult vom tödlichen Sturz ins Wasser, als Françoise Clavine die Weinflasche hob, die sie in der Vorratskammer des Clubhauses gefunden hatte und diese Keule mit voller Wucht auf den Schädel Bertrands prallen ließ.

Als die Sig Sauer zu Boden fiel, bückte sich Madame Bertrand blitzschnell, hob sie auf und zielte mit beiden Händen auf Françoise Clavine, die zitternd, mit leichenblaßer Miene auf die Frau starrte.

Geben sie mir das Ding, Madame Bertrand, ehe sie noch mehr Unheil anrichten, sagte Inspektor Roubaix und streckte die Hand aus.

Achtunddreißig

Eine Zeitlang habe ich wirklich geglaubt, daß sie mich verhaften wollten, aber wenn ich es recht bedenke ... Das war wirklich eine schauspielerische Glanzleistung, das muß ich neidlos anerkennen, lächelte Françoise Clavine und nippte an ihrer Grenadine.

Das bunte Treiben auf dem Wochenmarkt Cucurons gefiel ihr. Besonders hier, in dem kleinen Straßencafé, dessen Tische direkt neben dem Strom der kauflustigen Passanten standen, die sich ziellos an den Verkaufsständen vorbeitreiben ließen. Der Mistral hatte den Himmel blank gefegt, der metallisch blau über den Hügeln des Luberon glänzte. Der Oktober war angebrochen und die Weinlese in der Ebene des Midi hatte reiche Ernte gebracht. In der kalten klaren Luft hing der würzige Duft der getrockneten Weinstöcke, mit denen die Winzer im Herbst ihre Kaminfeuer heizten. Arnoult liebte diese Jahreszeit, in denen die Provenzalen die Berge und das Meer für sich alleine hatten. Erst im nächsten Frühjahr würden sich wieder die Scharen der Touristen über die Route du Soleil in den Süden wälzen.

Nach Wochen der Krankheit und der Schmerzen fühlte Arnoult sich endlich wieder frisch und ausgeruht. Sein Brustkorb und das Wadenbein waren verheilt und er durfte ein paar Schritte ohne die Krücken gehen.

Haben sie schon einen Job in Aussicht, jetzt, da Heroult bankrott ist, fragte er interessiert und lächelte sie an.

Nicht direkt ... nach seiner Verhaftung hat er alle Filmprojekte auf Eis gelegt und wartet im Knast auf seine Verurteilung.

Anstiftung und Beihilfe zum Mord an Professor Pirez, versuchter Versicherungsbetrug, da kommt einiges zusammen, nickte Arnoult zufrieden. Gestern erhielt ich einen Brief aus

Buenos Aires, den mir Madame Pirez geschickt hat. Sie bedankt sich darin, daß ich ihren Versuch der Erbschleicherei in dem Prozess gegen Madame Bertrand verheimlicht habe. Sie hat den Pflichtanteil des Erbes, den ihnen der alte Heroult vermacht hat und der sich aus der Versicherungssumme des Picassos und dem Haus zusammensetzt, inzwischen erhalten. Auch wenn es mich meine Pension kosten würde, da ich Beweismaterial unterschlagen habe, bin ich mit Madame Pirez so verblieben, daß sie den größten Teil des Geldes dem *Conservatoire Historique Du Camp de Drancy* zur Verfügung stellt, das die Erinnerung an die Kollaboration des Vichyregimes mit den Nazis und den Konzentrationslagern in Frankreich wach hält. Arnoult befeuchtete seine trockenen Lippen mit einem Perrier.

Françoise Clavine nahm seine Hand und streichelte sie sanft.

Ich wollte, ich hätte sie unter anderen Umständen kennen gelernt, begann sie zögernd.

Wir haben einen zweite Chance verdient, Françoise ..., erwiderte Arnoult und zwinkerte ihr zu.

Das haben wir, Arnoult, flüsterte sie ihm ins Ohr und gab ihm einen Kuß auf die Stirn, wobei sie die Narbe zärtlich mit den Lippen streichelte.

Glossar

Erklärung der Fremdwörter in der Reihenfolge des Vorkommens:

Maccia: Für den Mittelmeerraum charakteristischer, immergrüner Buschwald.
Fotinsky: Maler aus den dreißiger Jahren des vergangenen Jahrhunderts, der sich in der Tradition der »Fauves« um Matisse, Roualt, Derain, Vlaminck, Dufy und Van Dongen sah.
Louis Quatorze Kommode: reich verziertes Möbelstück im Rokkokostil aus dem Zeitalter des Absolutismus.
Var: Region an der Côte d'Azur rund um Cannes, Nizza, Bandol bis Marseille.
Hypermarché: Großes Kaufhaus, meist am Stadtrand gelegen, in dem man alles, von Möbeln bis Lebensmittel in reichhaltiger Auswahl bekommt.
Plateau des Vaucluses: Hochebene hinter dem Luberon, zwischen Apt und Carpentras. Der Luberon ist ein Gebirgszug im Hinterland der Côte d' Azur, der sich von Manosque im Osten bis Cavaillon im Westen hinzieht.
Avec un peu faire de la régime: auf die Figur achten, indem man wenig und das Richtige ißt.
swoite: Ein Seglerausdruck, der beschreibt, wie ein Schiff, das vor Anker liegt, im Halbkreis um die Ankerkette treibt.
Jas: Hirtenhütte aus Felsgestein im Hinterland der Provence.
Vichy: In diese Stadt zog sich die Exilregierung des besiegten Frankreichs während des Zweiten Weltkriegs zurück. Diese Regierung arbeitete eng mit den Nazis zusammen und war deshalb von vielen Franzosen verhaßt.

Kollaborateure: Menschen, die unter der Vichyregierung mit den Nazis zusammenarbeiteten.
Thrombosespritze: Sie soll verhindern, daß das Blut von frisch operierten Patienten, die lange liegen müßen, gerinnt und es so zu einer tödlichen Verstopfung des Blutkreislaufs kommt.
Mac: Umgangssprachlich im Französischen für Kerl, Typ, Freund.
Ayurvedafarm: Farm, auf der eine indische Heilslehre gelebt und unterrichtet wird.

Die Rezepte

1) Kaninchen-Casserole mit Rotwein aus Bandol, Thymian und Knoblauch

Zutaten für 4 Personen:

1 Kaninchen von etwa 1 kg
Olivenöl
4 Knoblauchzehen
2 Karotten
1 Zwiebel
1 Kräuterstrauß (Thymian, Rosmarin, Lorbeer)
½ l Rotwein aus dem Bandol
½ l Gemüsebrühe
1 kleine Dose Tomaten
1 Handvoll schwarze Oliven

Das Kaninchen in 6 Stücke teilen und in der Casserole bzw. im Bräter mit Olivenöl anbraten. Herausnehmen und auf einem Teller bereit halten. Nun im gleichen Öl die grob geschnittenen Karotten und die Zwiebel sowie die Knoblauchzehen anbraten. Die Kaninchenteile wieder hinzufügen, salzen, pfeffern und Rotwein, Brühe, Dosentomaten und Kräuterstrauß zugeben. Alles 1 ½ - 2 Stunden bei kleiner Hitze zugedeckt schmoren, bis das Fleisch leicht vom Knochen fällt. In den letzten 20 Minuten die Oliven zugeben. Sollte zwischendurch die Flüssigkeit nicht mehr ausreichen, Wein nachgießen, so daß die Kaninchenteile einigermaßen bedeckt sind. Die Flüssigkeit zum Schluß z.B. mit Kartoffelmehl zu einer Soße binden. Dazu passt ein lockeres Kartoffelpüree mit einem Schuß Olivenöl.

2) Gefüllte gegrillte Dorade in Alu-Folie

Zutaten für 4 Personen:

4 Doraden
Saft von 2 Zitronen
100 ml Noilly Prat
4 Knoblauchzehen
200 g Pinienkerne
100 g Fenchelsamen
eine gute Handvoll Fenchelkraut
Meersalz, 6 Körner schwarzer Pfeffer

Noilly Prat gilt als der König der trockenen Vermouths, und wird besonders gerne in Fischgerichten verwendet. Noilly Prat stammt aus Marseillan, nicht aus Marseille! Marseillan liegt auch an der französischen Mittelmeerküste, aber nicht in der Provence. So viel zur französischen Landeskunde, widmen wir uns nun den Doraden ...

Die Doraden schuppen, vorausgesetzt der Fischhändler hat es nicht schon erledigt. Den Fisch unter fließendem Wasser innen und außen säubern, dabei auf die Rückenflosse aufpassen, sie hat sehr schmerzhafte Stacheln. Diese am besten sofort mit der Schere entfernen. Die Pinienkerne und Fenchelsamen in einer schweren Pfanne trocken bräunlich anrösten, aber nicht schwarz werden lassen. Dann in einem Mörser die Pinienkerne und Fenchelsamen mit den Knoblauchzehen, den schwarzen Pfefferkörnern und einer Prise Meersalz grob durchmörsern (die Konsistenz der Zutaten muß keinen Brei ergeben). Zitronensaft und Noilly Prat miteinander vermischen und die Doraden damit innen und außen einreiben bzw. einpinseln. Danach jede Dorade mit je ¼ der gemörserten Gewürze füllen und zusätzlich ¼ des Fenchelkrauts zugeben. Jede Dorade in Alufolie eingepackt auf dem Grill etwa 15-20 Minuten grillen.

3) La Daube de Provence
(geschmortes Rindfleisch aus dem Tontopf)

Zutaten für 4 Personen:

1 kg Rindfleisch, in große Würfel geschnitten
200 g durchwachsener Speck
Olivenöl
1 Knoblauchzehe
3 Schalotten
1 Handvoll schwarze Oliven, entkernt
glatte Petersilie

Marinade:

2 Lorbeerblätter
2 Gewürznelken
1 Stück Orangenschale einer unbehandelten Orange
3 Wacholderbeeren
1 Kräuterstrauß
(je ein Zweig Thymian, Majoran, Rosmarin)
1 Knoblauchzehe
2 große Möhren
1 Stange Staudensellerie
1 l Rotwein
1 guter Schuß Rotweinessig
Pfeffer, Salz

Für den traditionellen provenzalischen Rindfleischtopf brauchen Sie viel Zeit und Geduld. Lassen Sie sich davon aber nicht abschrecken, als Ergebnis Ihrer Mühen steht ein wunderbar aromatisches Fleisch, welches Sie mit dem Löffel zerteilen können und das Ihnen auf der Zunge zergehen wird – im wahrsten Sinne des Wortes. Marinierzeit über Nacht und etwa sechs Stunden Zubereitung im Ofen sind schon nötig, es gibt zwar inzwischen Rezepte mit weit kürzerer Garzeit, aber davon lassen wir bewußt die Finger. Schließlich wollen wir nachempfinden, welch köstliches Gericht Mademoiselle Pirez während ihrer angespannten Tage vor ihrer Ausreise nach Südamerika genießen durfte, und damals nahm sich jede Köchin und jeder Koch die nötige Zeit. Benannt ist das Rezept übrigens nach einem provenzalischen Tontopf (daubière), in dem das Gericht im Ofen schmort, zur Not können Sie einen Römertopf mit Vertiefung im Deckel oder aber auch einen Schmortopf o.ä. verwenden. Wichtig ist halt nur die nötige Flüssigkeitszufuhr während der langen Garzeit. Die daubière hat extra eine Vertiefung im Deckel, die Sie mit Wasser füllen, so daß dem Gericht immer genügend Dunstwasser zukommt. Beim Römertopf können Sie notfalls den Deckel umgekehrt aufsetzen, dann haben Sie wiederum die nötige Vertiefung. Bereiten Sie das Gericht in einem Schmortopf o.ä. zu, dann müssen Sie mehrfach Flüssigkeit zugießen, am besten immer wieder mal ein Schlückchen von dem schon vorher verwendeten Wein. Das Fleisch muß jedenfalls immer von Flüssigkeit bedeckt sein.

Das abgespülte und groß gewürfelte Fleisch geben Sie am Vorabend in eine Marinade aus den angegebenen Zutaten, Knoblauch, Möhre und Stangensellerie haben Sie vorher geputzt bzw. abgezogen und in Scheiben geschnitten. Das Fleisch wird durch die Marinade schon über Nacht etwas mürbe.
Am nächsten Tag nehmen Sie das Fleisch aus der Marinade und tupfen es trocken. Den Speck in einem Schmortopf in Olivenöl andünsten, Schalotten und Knoblauch zufügen und anschwitzen, Dann wird das Fleisch zugegeben und scharf angebraten. Anschließend wird der Inhalt des Schmortopfs entweder zusammen mit der Marinade in eine daubière oder einen Römertopf gegeben und im Ofen ca. 6 Stunden bei kleiner Hitze geschmort (nicht vergessen, den Deckel des Tonge-

fäßes mit Wasser zu füllen!). Oder, wenn Sie kein Tongefäß zur Verfügung haben, schütten Sie die Marinade zum Fleisch in den Schmortopf und geben diesen für etwa sechs Stunden in den Ofen. Dann aber das regelmäßige Angießen von Flüssigkeit (vorzugsweise Wein) nicht vergessen. Die entkernten Oliven werden erst in den letzten zwanzig Minuten zugegeben, nochmals pfeffern und salzen nach Bedarf und die glatte Petersilie erst über die dampfenden und duftenden Teller geben. Dazu schmeckt am besten warmes Baguette, aber auch Kartoffeln können dazu gereicht werden.

4) Salade Niçoise

Zutaten für 4 Portionen:

Blätter eines Kopfsalats
4 Tomaten
schwarze Oliven (etwa 20-30)
1 Zwiebel (je nach Wahl eine rote oder weiße, eine Schalotte oder Frühlingszwiebeln, oder die gemeine gelbe Standardzwiebel)
1 Knoblauchzehe
1 Dose Thunfisch und/oder 5 Sardellenfilets
1 Stange Bleichsellerie (nach Belieben)
1 Paprikaschote (nach Belieben, Farbe nach Wahl)
2 hart gekochte Eier (nach Belieben)
400 g Kartoffeln (nach Belieben, schön machen sich z. B. die kleinen roten im Salat)
200 g Prinzessböhnchen (nach Belieben)
Salz, Pfeffer
1 EL Kräuter der Provence

Der bekannte Nizza-Salat definiert sich zum einen durch typische südfranzösische Gemüsezutaten in Kombination mit

Thunfisch und/oder Sardellenfilets, zum anderen durch die bekannten Aromen von Knoblauch, Kräutern der Provence und einer Vinaigrette aus gutem Olivenöl und ebenso gutem Weinessig. Traditionell wird der Salat mit Mittelmeerthunfisch angerichtet, heutzutage empfiehlt es sich aber dringend, auf Thunfisch aus dem Mittelmeer zu verzichten, da die Bestände aufgrund von Überfischung dramatisch abgenommen haben.

In der einfachen Variante – ohne Aufwand des Kochens – mischen Sie nach Belieben in einer mit einer Knoblauchzehe ausgeriebenen Salatschüssel Blätter eines Kopfsalats, Tomatenachtel, schwarze Oliven (diese drei Zutaten lassen sich eigentlich nicht wegdenken), Streifen von Paprikaschoten (1-2 cm breit), Bleichsellerie in Scheiben (nicht dicker als ½ cm) und den obligatorischen Thunfisch, der sehr gerne in Kombination mit den Sardellenfilets auftritt (machen Sie ihm die Freude, legen Sie die Sardellenfilets aber erst zum Schluß auf den Salat). Falls Sie in Salz eingelegte Sardellenfilets verwenden, diese unbedingt frühzeitig vorher wässern bzw. in Milch einlegen, um sie zu entsalzen (1/2 Tag bietet sich an). Die Vinaigrette mischen Sie im Verhältnis 3:1 aus Olivenöl und Weinessig (zwischen Rot- und Weißweinessig lässt sich gerne mal variieren, nur nicht in demselben Salat), salzen und pfeffern nicht vergessen. Vinaigrette gut mit dem Salat durchmengen. Kräuter der Provence über dem Salat zwischen den Finger zerreiben oder aus der Mühle verwenden, um das Aroma zu intensivieren.
In der gehaltvolleren Variante können Sie noch gar gekochte Prinzessböhnchen (dafür braucht es etwa 6 Minuten), Viertel oder Scheiben von hart gekochten Eiern und gar gekochte Kartoffeln (dafür braucht es etwa 20 Minuten, machen Sie die Messerprobe) beifügen. Die Bohnen und die Kartoffeln freuen sich nach dem Garen auf ein Bad im Eiswasser, bis sie abgekühlt sind. Die Bohnen erhalten dadurch ihre schöne grüne Farbe.

Für ganz Vergeßliche oder Zerstreute: Gemüse bitte vorher waschen, die Salatblätter danach trocken schwenken oder schleudern, von der Paprika bitte nicht Stiel oder Samenwände verwenden, hartgekochte Eier pellen und dergleichen Standardverrichtungen mehr. Aber wir sind zuversichtlich, daß Sie ein aufgeweckter Leser bzw. eine aufgeweckte Leserin sind.

5) Pissaladière

Zutaten (für ein Backblech):

Für den Teig:

250 g Mehl
TL Salz
50 ml Olivenöl
20 g Frischhefe
etwa 150 ml lauwarmes Wasser
Salz und Schwarzer Pfeffer

Für den Belag:

1 kg Zwiebeln
Olivenöl
Sardellenfilets (nach Geschmack 3-10)
Tomatenscheiben von 1-2 Tomaten (nach Geschmack), eine Handvoll schwarze Oliven und/oder 1 EL Kapern
1 EL bzw. 3 Zweige Thymian
1 Lorbeerblatt
1-2 Knoblauchzehen

Pissaladière ist der typische provenzalische Zwiebelkuchen, der ohne Zwiebeln und Sardellenfilets nicht denkbar ist. Für ein wenig mehr Abwechslung lassen sich nach Geschmack wahlweise noch schwarze Oliven, Tomatenscheiben und Kapern hinzufügen, aber möglichst dezent in der Menge. Noch mehr Zutaten bzw. andere Zutaten gestatten sich nicht, denn sie ließen die Pissaladière in die Wahllosigkeit einer mehrseitigen Pizzeria-Karte abschweifen, mit der die klar definierte Pissaladière aber nicht mehr als eine gewisse Namensähnlichkeit hat.

Für den Hefeteig Mehl und Salz in einer Schüssel mischen, die Hefe mit einem Teil des lauwarmen Wassers anrühren und zum Mehl geben. Das restliche lauwarme Wasser und das Olivenöl ebenfalls zum Teig geben, und alles zu einem glatten, glänzenden Teig kneten, der zugedeckt an einem warmen Ort etwa eine ¾-Stunde ruhen soll.

In der Zwischenzeit werden die Zwiebeln in Ringe und der Knoblauch in feine Scheiben geschnitten und in Olivenöl auf kleiner Flamme zugedeckt weich gedünstet, bis der Teig fertig ist. Thymian und Lorbeer direkt in den ersten Minuten mit in Pfanne oder Topf geben, gesalzen und gepfeffert wird zum Schluß. Ist kein Deckel vorhanden, kann auch immer mal wieder ein wenig Wasser angegossen werden, das Aroma hält sich aber besser in einem geschlossenem Topf oder einer geschlossenen Pfanne.
Der Teig wird rechteckig auf die Größe eines Backblechs ausgerollt (etwa ½ cm dick) darauf die weich gedünstete Zwiebelmasse verteilt, nachdem das Lorbeerblatt und eventuelle Thymianzweige entfernt wurden. Die Zwiebelmasse wird mit den Sardellenfilets belegt (in Salz eingelegte Sardellen frühzeitig vorher wässern bzw. in Milch einlegen, um sie zu entsalzen; ½ Tag bietet sich an). Zusätzlich zu den Sardellenfilets lassen sich noch Tomatenscheiben, schwarze Oliven und Kapern auf der Pissaladière verteilen, aber möglichst neben- und nicht übereinander, es soll ja nicht der schiefe Turm von Pisa nachgeahmt werden, oder steht hier etwas von Pisa-ladière?

Im vorgeheizten Ofen bei 200 Grad im unteren Drittel etwa 35 bis 40 Minuten fertig backen. Schmeckt heiß oder auch lauwarm.

6) Bouillabaise

Zutaten für 4 Personen:

Für die Rouille:

80 g entrindetes Weißbrot
100 ml Fischfond
1 Döschen oder Briefchen Safran
4 Knoblauchzehen
1 rote Chilischote
½ TL Meersalz
ca. 100 ml Olivenöl

Für die Suppe:

ca. 1 kg festfleischiges weißes Fischfilet sowie nach Belieben Meeresfrüchte wie Garnelen oder Muscheln
etwas Fischfond
1 große Gemüsezwiebel
3 Knoblauchzehen
2 Lorbeerblätter
1 Fenchelknolle (nach Belieben)
1 Stange Bleichsellerie (nach Belieben)
2 Tomaten (nach Belieben)
2 Möhren (nach Belieben)
1 Stange Lauch (nach Belieben)
2 große Kartoffeln (nach Belieben)
Zesten einer unbehandelten Orange
Olivenöl

½ l Weißwein
600 ml Fischfond
1 Döschen oder Briefchen Safran
1 Bund glatte Petersilie
Salz, Pfeffer

Dies ist ein mögliches Rezept für die berühmte provenzalische Fischsuppe, die in früheren Zeiten von den Fischern aus den Resten des täglichen Fangs und Verkaufs zubereitet wurde, und dementsprechend selten gleichen Inhalts war. Nur die Rouille (Würzpaste) ist gewissermaßen Pflicht, ansonsten ist es »nur« eine Fischsuppe, aber keine Bouillabaise. Zwar gibt es auch Anhänger der Bouillabaise, die die genauen Fischsorten und ihre Gewichtung für eine originale Bouillabaise zu kennen meinen bzw. diese vorschreiben wollen; wir möchten Ihnen aber aufgrund der Schwierigkeiten für den durchschnittlichen deutschsprachigen Kunden, diese Fische und Meeresfrüchte (wie z.B. Seeigel) in unseren Breiten zu bekommen, in dieser Hinsicht größtmögliche freie Wahl lassen. Auch die Gemüseeinlage kann variieren, ist also in unserem Fall ebenfalls nur ein Vorschlag zur Güte. Denken Sie aber unbedingt an die Rouille, darauf bestehen wir!

Damit Sie die Rouille auch wirklich nicht unter den Tisch fallen lassen, fangen wir einfach mal mit ihr an: Falls Ihr Mörser nicht groß genug ist bzw. Sie gar keinen Mörser besitzen (Schande aber auch!), oder Sie zu faul zum Mörsern sind, können Sie die Rouille auch in der Küchenmaschine herstellen. Im Mörser wird sie freilich »besser« gelingen, weil gerade nicht alles gleichmäßig püriert wird. Ein wenig Struktur, also kleinste Stückchen von diesem oder jenem, lassen uns die Rouille aufmerksamer genießen.

Sie weichen den Safran in 1 EL lauwarmem Wasser auf. Das Weißbrot würfeln Sie klein und geben es mit dem Fischfond in den Mörser, nach dem ersten Warmmörsern geben sie die kleingehackten Knoblauchzehen und die ebenfalls kleingehackte Chilischote dazu. Jetzt Mörsern Sie auf Hochtouren. Danach Safran und Meersalz hinzufügen und ... richtig: Mörsern. Zuguterletzt fügen Sie während des Mörserns immer wieder ein wenig Olivenöl zu, bis die Würzpaste die von Ihnen gewünschte Konsistenz hat. Falls Sie die Küchenmaschine benutzen, geben Sie alle Zutaten – außer dem Ölivenöl – in die Maschine und zerkleinern sie. Dann lassen Sie das Olivenöl in dünnem Strahl zulaufen, bis die gewünschte Konsistenz erreicht ist. Die Paste sollte aber nicht zu dünnflüssig werden, da sie nachher noch als Garnierung zur Suppe gegeben wird. Die Konsistenz sollte in etwa wie bei einem Pesto sein, das inzwischen jedermann kennen dürfte.

Für die Suppe werden die Fischfiletstücke und Meeresfrüchte gesäubert. Fischfilet in mundgerechte Stücke schneiden, eventuellen Garnelen den fadendicken Darm unter der Rückenoberfläche entfernen, eventuelle Muscheln (nur geschlossene Muscheln verwenden! Vorab geöffnete Muscheln aussortieren!) werden im mit etwas Fischfond gewürzten Kochwasser gekocht, bis sie sich öffnen. Weiterhin geschlossene Muscheln aussortieren!

Zwiebel, Knoblauch, Fenchel (nach Belieben), Bleichsellerie (nach Belieben), Möhren (nach Belieben) und Lauch (nach Belieben) werden kleingewürfelt (Lauch in Ringe geschnitten), in einem großen Topf in Olivenöl angedünstet und, bevor sie zu sehr Farbe nehmen, mit Fischfond und Weißwein abgelöscht.

Dann werden die Kartoffeln (nach Belieben) in kleinen Würfeln sowie das Lorbeerblatt zugefügt. Die Suppe auf kleiner bis mittlerer Hitze 10 Minuten köcheln lassen. Eventuell vorgesehene Tomaten werden enthäutet und entkernt sowie eben-

falls gewürfelt und dann mit den Orangenzesten, der Petersilie und dem Safran zur Suppe gegeben. Nun noch das leicht gesalzene Fischfilet sowie die Meeresfrüchte für etwa 5 Minuten zur köchelnden Suppe geben.
Mit Pfeffer und Salz abschmecken und die Lorbeerblätter entfernen. Die Bouillabaise in tiefen Tellern anrichten, mit einem Klecks Rouille garnieren und krosses Baguette dazu servieren. Der Nachschlag soll übrigens am besten schmecken.

***

Falls Ihnen der Krimi gemundet hat, und die Rezepte Ihnen Küchen-Spannung vermittelten, dann schauen Sie doch auch nach anderen Krimis mit Rezepten aus der Reihe »Mord & Nachschlag«! In Vorbereitung sind u.a. Krimis mit Rezepten aus dem Bergischen Land und aus Norwegen.